天下文化

BELIEVE IN READING

五十歲後
我出去一下

不當媽媽、太太、媳婦之空巢熟女好好愛自己

彭菊仙

第二部 多麼痛的領悟，健康，才是我的全部

第三部 拿出陪伴孩子的無條件之愛，好好愛自己

推薦序

原本已經寫好遺書的50⁺更年期婦女的回春之路

王蘭芬　作家

我這邊說的回春不是什麼面容逆齡喔，而是找回自己身心的春天啊。

認識彭菊仙是她面臨嚴重更年期症狀的時期，二〇二〇年我兒子跟她小兒子剛好進入建中同一個高一班級，而且就坐隔壁。誰能想到，家長日那天，小小的教室裡居然並肩坐了兩位大作家。（咳。）

書中她所提到的一切，我皆眼睜睜目睹，只是沒想到菊仙為了這許多人都默默忍受折磨的症狀，下了如此大工夫去尋找原因與做研究，還因此寫出一定可以幫助很多人的精采好書。

一開始是心悸與失眠，看著她從一個出場必光鮮亮麗、自信飽滿的知名親子作家，逐漸脂粉不施，變得憔悴嬌小（因為不敢穿高跟鞋了）；從我追著她問如何教養，到她追著我問更年期會有哪些問題。某天她慘笑說：「心臟實在太沒力，怕猝死，我連遺書都寫好了。」

四十多歲開始也有著各種莫名不舒服的我，真的比誰都懂她在說什麼，我何嘗沒跟老公小孩交代過遺言呢（喂）。只能抱抱她，跟她說：「雖然心臟亂跳很可怕，但醫生跟我說我一定不會猝死，這樣能安慰到你嗎？」

顯然是沒有。菊仙仍舊是那個著作等身、演講滿檔的心靈女強人，雖然暫停所有創作活動，血液裡還是流動著追求真相的熱烈因子。讀書、看醫生、訪問，無所不用其極想找出身體到底出了什麼問題。

讀到名醫對她說：「想要治好你的病，只有一個辦法，那就是，請你換一顆腦袋。」我真的大笑出聲。她為了我們這一代更年期婦女承受了這個多麼痛的答案啊。

《五十歲後我出去一下》是含金量極高的書，詼諧又學理地針對五十歲之後台灣女性所面對的親子溝通、夫妻相處、身心安定、老後安排，進行有效討論，明確告訴大家：

人生第一課題是想辦法保障自己仍能擁有幸福快樂。

不管有沒有教孩子，他們都不會照著我們的意思走，這就是人生。

人生幸福就是簡單四件事：吃得下、睡得著、拉得了、笑得出來！

救心臟就是這麼簡單，無須花錢、不必吃藥，天天樂當「走路工」就好。

只要「自我」不見了，便沒有受苦的主體。

孩子長大之後，必須把自家孩子當成別家的孩子。

一個成年人的改造，只百分之一來自提醒與教導，百分之九十九都來自社會的千刀萬剮。

養護身心第一步，就是「少思」。

書中一切都是菊仙親身經歷，並一步步尋求解決方法而來。而終於在小孩畢業典禮這天，我重新看到笑靨如花、神清氣爽的她，知名親子作家得意地說：

「我從爬樓梯都會喘，到現在已經可以一口氣跑八公里了喔。」

所有更年期戰場上正流血流汗的姊妹們，這本書將陪著大家一起放心變老，並給你力量換上運動鞋，開始奔跑。（記得把遺書收回來呀！）

推薦序

從教養的魔法師，變成生命的魔法師

丘美珍
品學堂文化長、專欄作家

菊仙是我大學學妹，我認識她多年。她跟我一樣是三個孩子的媽媽，不一樣的是，她是「三個男孩」的媽媽。這意味著她直接面對（對媽媽來說）最艱難的教養挑戰。

為了學習如何教養三個男孩，她研究各種教養理論，把蒙特梭利帶入家中，用心記錄孩子的日常與成長。她過去寫作的八本教養書，就是她教養的成績單，如此深刻、富有創意，在在驗證她的教養理念和成果。如果媽媽就像家裡的魔法師，菊仙可以說是功力最強那一級了。

幾年之後，孩子長大了，媽媽自由了。但昔日的魔法師卻失去了力量，這大概就是過去這四年菊仙的處境。她的人生好像突然走進暗黑的低谷，身心都面臨前所未有的低潮，令人擔心。

看到這本書，我終於鬆了一口氣。菊仙的魔法回來了！她重新發現自己、了解自己、照顧自己，並且以全新的智慧善待家人。菊仙之前是教養魔法師，現在蛻變成生命的魔法師了。

做為讀者，我感謝菊仙如此執著，為50⁺生命找到新出路，因為，我們都需要。

「生命會找到出路」（Life will find its way）這句話，源自三十年前「侏羅紀公園」這部電影，但我看完菊仙的新書才頓悟，原來，重點是「找」。並不是生命「自有」出路，或是生命會「等」到出路，而是，一個困頓的生命，要想方設法，找到自己的出路。

這本書就是為自己的生命找到出路的故事。雖然字裡行間帶著幽默，但是，我們都能感受到那曾經的苦楚。有一次跟菊仙聊天，我說：「其實中年是人生的第二個青春期。」同樣會經歷荷爾蒙的劇烈變化，同樣會感到前途茫茫，同樣會質疑自己是誰，能做什麼。最重要的是：同樣需要家人和朋友的陪伴。

第一次在青少年的青春期是轉大人，第二次在中年的青春期是蛻變為成熟的大人。中年以後是更加不易的人生，我們會逐漸失去過往認為理所當然的人事物，包括自己的健康。這種失落無可逆轉，需要更寬厚的生命智慧編織成網，托起那可能墜落的靈魂。熬過這一切，一個煥然一新的成熟大人，便從生命的廢墟中重生。

我試著梳理菊仙為自己中年的生命「找到出路」的心法如下：

- 更新：除舊布新，重新定義自己在家的角色，安排「以我為主」的時間和任務。
- 連結：對內與另一半加深連結，對外向智者學習生命智慧。
- 勇氣：想到就做，想到就走。再也不怕一個人的旅行，勇於展開一個人的冒險。

經過這四年的調理和省思，如今的菊仙又是一位熠熠發光的魔法師了！我真心為她感到高興！就如同以前，我的目光會追隨著她愈走愈寬、愈走愈遠的步伐，並且期待她下一次旅程歸來，帶回新的故事。

齊聲讚譽

人生真正可以做自己，大概是五十歲之後，事業工作大約到達了山顛，思考成熟了，兒女慢慢長大成人，階段性任務完成，許多身上的標籤如太太、媳婦、媽媽，慢慢淡化或是拿掉，此時大部分的人都會開始思考接下來的人生要如何過，開始想回歸自己，想好好愛自己。菊仙老師以自身經歷，緩緩地寫下這個過程。她自己面臨了身體的變化，與小孩相處間的反思，還有她愛自己的方式，是一部溫柔又真實的書籍，值得收藏。

——丁菱娟　影響力品牌學院創辦人

推薦熟齡爸媽都來看這本書，還未熟齡也可一睹為快。菊仙在書中分享她從沒有運動習慣，到找到最喜歡的運動的心路歷程，太極拳、健身房、跑步、瑜伽等統統試過，卻沒有一項能持之以恆，直到遇見排舞，才激起運動熱忱。對熟齡者來說，運動在生活中就算排不上第一重要，也絕對排第二，但很多人可能跟菊仙一樣，因找不到樂趣而難以堅持。來看菊仙怎麼找到天命運動，重拾活力！除了推薦菊仙輕鬆好笑又蘊含生命省思的新作，我還推薦不管男女老少都來跳排舞，不僅身子骨變柔軟，節奏韻律感開竅，肌力也隨之練起來，記舞步還可防失智，是可以跳到一百歲的運動好選擇。

——丁宜庭　台北市國際排舞協會理事長

家裡四根柱子，女主人是撐起遮天避雨的屋頂。五十歲的身體從女性變成中性，作家至少還點出三種感覺：孩子離家了，老公依賴慣了，媽媽也有分離的焦慮感；終於沒有瑣碎的負擔，新的人生旅程展開了，有準備出發的興奮感；但是要去哪裡呢？目標是什麼呢？不曉得力氣要放在哪裡的空虛感。先出去走走吧！去過了醫院、學過了電腦程式、上過了健身房，最近落腳在舞蹈教室。第二人生像一塊原木，直歷歷地擺在眼前，作家還在雕塑，期待她一刀一斧地跟我們繼續分享。

——方識欽　未來健康研究院院長

五十歲是女性身體更年期之始，而知天命是心情醞釀轉化之始。中醫重視「心腎相交」，亦即「水火相容」來維持身心平衡，進入更年期更為重要。菊仙歷經各種人生階段，也累積許多痛快（痛苦與快樂）的記憶，雖非中醫人，卻能以中醫的心法來轉動心念與眼光，中醫的腎法來接納和放下，妙語如珠，屢見真情。書中提到老年夫妻愈罵愈愛愈在乎，臨床上常看到年長先生「耳背」，可能是家中太座的罵聲太過震耳而關閉耳朵吧！臨床上年長太太較常出現「視糊」，從今開始學習菊仙的「全景視角」，相信人生仍是一片光明！現代人面臨年老開始莫名恐慌，本書是個「身心安定劑」，在作者的幽默手筆之中，提供了與自己和家人的和諧相處之道。

——沈邑穎　台北慈濟醫院中醫部主治醫師

很榮幸能推薦這本佳作！個人認為書籍簡單分為兩種，一種枯燥難讀，另一種有趣易懂。本書屬於後者。彭菊仙老師在本書敘述養兒、度過更年期，到坦然面對老後的經驗。書中兩個章節我讀了很多次，每讀必笑，非常療癒。一章描述彭老師與丈夫及三個男兒相處，女人的滿腔熱情碰上男人的冷酷淡漠，整篇文章無一處冷場，值得一看再看。另一章描述更年期的自律神經失調，從求醫到自癒，最後靠運動戰勝疾病。本人做為醫師，門診經驗相關困擾的病人很多，肯自曝症狀的人很少，有能力生動敘述過程的人更少，本書絕對是最棒的指引！

——林靜芸　聯合整形外科診所院長

親職作家菊仙告訴我，她即將出版一本談五十歲以後，不當媽媽、太太、媳婦之好好愛自己的書，光看這個決定，我就迫不及待想大力支持並倡議。二〇一三年一場大車禍，老天爺給了我新課題，身體跟心理都需要調整。因為腿傷，緊湊人生不得不調降速度，人至中年中場休息，進入半退休生活，那時才發現，人生角色及義務都盡力了，卻忽略了自己！車禍後我減量工作，收入少了，但是時間多了，開始去做那些我早就想做，卻「沒時間」做的事情。我自己摸索出「三三三」模式，三分之一工作、三分之一做自己喜歡的事，包括運動、畫畫、兼課，另外三分之一做公益。我去學畫畫，靜物及風景畫讓我體會專注的美好；花更多時間做公益，在工作廣播節目中不定期介紹小型公益團體，也參與公益活動的主持、演講及募款。受傷斷腿並未讓我跟運動徹底絕緣。因為復健緣故，朋友約我去上「TRX」懸吊訓練，兩年後跟著同學跑步、登山、健行，幾次回診，醫生都覺得我有明顯進步。就在忽略「自己」角色多年之後，讓我找到做自己開心的事。我是因為腿傷而出現「多麼痛的領悟」，大家可以無痛找到忽略的自己，只要看菊仙這本書，找到善待自己的心法跟態度。

——夏韻芬　財經節目主持人、作家

看了本書忍不住會心一笑，菊仙大姊總是走在我們前面，告訴我們如何育兒、如何與青少年過招，現在連空巢期的問題，都幫我們寫好了解決方案！我一直很佩服菊仙，勇於嘗試，在空巢期面對身體的不適，也能夠用幽默的態度記錄下來。更棒的是，她樂於學習新的東西，讓自己與時俱進，同時發現自己不適合什麼，而找到真正有興趣的東西。同樣有三個男孩，菊仙一直都是我的好榜樣。真心推薦孩子長大的人，也來讀一讀這本好書。

——張美蘭（小熊媽）　親職／繪本作家

十年來照顧生病的家人，忙到沒有自我，直到跑完長照路，跌入頓失目標的空巢期，才發覺多出大把時間不會用，想來好笑。我和菊仙年紀相仿，她說熟齡人要學獨立，生三個兒子的她在保證班，我有兩個女兒可能就學得慢，哈！速度不一，目標一致，養兒育女責任完成，我不再只是媽媽、太太、媳婦，我屬於我自己。即使下坡也要快樂走，不疾不徐看看人生的風景，接受身體轉變，情緒也要轉念，閉上眼、微微笑、深呼吸，我們都要對得起自己。

——楊月娥　資深媒體人

自序

熟年練習：從原本的角色出走，踏上重新探索自我之路

這本書在三年前就簽約定案，當時我的兒子們一個個踏入青春期，每個人從早到晚神龍見首不見尾。我在空蕩蕩的屋子裡，突然發現多了一個非常不熟的人物，那就是多年來沒時間好好關照的「我自己」。於是，和出版社討論，乾脆將書名訂定為「最陌生的是自己」。

然而，每當打開電腦準備書寫時，卻腦袋空空、電流怠速，連走進廚房做幾道變不出花樣的家常菜，動力都強得多。只要冰箱備有好料，手殘愚婦也端得出能填飽肚子的菜餚。但巧婦實難為無米之炊，我跟自己實在太不熟，到底要寫什麼呢？端坐電腦前老半天，也只剩面有菜色。

硬逼自己生出文字更與過去我寫作時滿滿心流的狀態截然不同，因之，我對這本「最陌生的是自己」的感覺愈來愈陌生，幾乎快被拋出腦後。

然而，老天爺似乎沒忘記這本書，三年多來，祂對我的生命精心布局，接二連三發生了幾件關鍵事兒，讓寫作方向豁然明朗，甚至加速勾勒出寫作大綱，這本書於焉自己生出骨幹、長出血肉，最終長成它自己要的樣貌。

另闢舞台

第一件事是：我賴以展演自我的最重要舞台被拆了！

不知道N年前的哪一天，我在臉書貼過一張小寶寶洗澡圖，Meta 不知何故心血來潮，其靈敏的ＡＩ機器人來了個突襲檢查，我居然被判定為「兒童性變態者」，申訴百次無真人搭理，從此不僅打不開個人臉書頁，也無法進入經營多年、好不容易培養出好幾萬名粉絲的親子專頁，整個網頁瞬間凝結，如僵死化石。

沒了親子教養粉絲專頁可隨時暢所欲言，等於毀了我的行動講堂。要重搭一個場子嗎？想想，我在「親子教養」領域摸爬滾打了十幾年，該講的都講得差不多了，盡談老哏，火花難再，即便老驥伏櫪，志在千里，也實在很想換個方向。

終於，在某場直播，我毅然決然確立了不再以「教養」做為寫作主軸。那天，我和另一位老師搭檔直播，知道她的年紀都可當我女兒時，立刻領悟到：教養的理論隨時代不斷更迭，我經歷了老派的「勇於管教、賞罰分明」，到「管教」二字被教育部明定為不合時宜，再進到「阿德勒心理學」，這兩年更進到「薩提爾對話」，我一路熱力學習、努力追趕，是因為自己也樂於實際運用。如今，孩子都大了，就讓給他們去追趕自己的人生法則吧。

直播到一半時，我居然脫稿而出：「我看呢，親子教養這一塊，跟所有領域都一樣，該是『世代交替』的時候了！」

身體大亂

第二件事是我進入更年期，身心產生劇烈變化，且罹患難以治療的重度自律神經失調。我見識到「以前你怎麼對身體，現在身體就怎麼對你」的現世報威力。雖極其克制，卻還是忍不住花了極大篇幅描述「身體對付我」的全新殘酷經驗。

我甚至無法克制我歐巴桑的真本性，那就是比一般人十倍囉嗦的苦口婆心，不斷不斷在文章中現身說法以警示讀者、見縫插針以激將讀者。畢竟，這三年身心的煎熬比諸一級疼痛的三次生孩子經驗，有過之而無不及，且完全扭轉了我對生命、對工作、對健康、對人生的所有態度，我覺得老天爺就是要我這個陪伴父母讀者的角色再次站出來，好好高掛警燈、強力閃爍。

老實說，若是我的人生經驗裡缺了「身體對付我」的這一塊，我可能真的必須暫時封筆，因為人生的轉捩點無從發生，後半人生哪有什麼體悟值得說嘴？人生沒有白走的路，連生病都是啊！

挖掘潛能

第三件事，是我愛上跳舞。人生有很多可能、有很多潛能，如埋在土裡的各種種子，只是沒有時機鑽出泥土、生根發芽。因為生病，我極度渴望回復健康，所以開始運動，因為想要運動，於是開始探索自我。因此，埋在細胞深處的「舞棍」這顆蹦蹦跳跳的種子，才得以看見太陽，我的肢體在五十多歲之後開始搖滾解放。

我不是要每個讀者都去跳舞，而是真心想幫各位省下保養品與健康食品的預算，因為在你們的生命泥土裡，絕對也埋藏著奇葩異草之珍貴種子，別讓它們關在冷宮裡沒個出頭天。把握老前最活躍的時機，在人生清單裡多栽培一、兩個有趣的新哏，活化的豈止是肌膚？整個後半人生都將生機盎然。

勤練甩鍋術

第四件事是家裡的男生全變成了男人。從小我家裡只有姊妹，又一路讀男女分班的學校、再讀純女校，及女多於男的校系，我對雄性世界相當不熟。好不容易一路用心琢磨，終於搞懂、搞定三隻雄性幼崽，沒想到，才幾年工夫，他們又快速變形。

我在思考模式、行為模式與我皆天差地遠的直男世界裡打滾走跳，如今，最陌生的已經不是我自己。

我突然覺悟，必須先急起直追的是實用的「甩鍋術」，覺察應把不屬於我的責任甩回給那些男人。畢竟我現在的研究熱情都轉向了我自己，能跟陌生的自己混熟，能把不穩定的自己搞定，天下即太平。我確定這些直男們依然愛我如昔、仍舊珍視老婆母親大人我，只是方法與態度屬另一個國度，如此足矣！不是我無奈認命，而是，直男們於此階段也亟需跟自己混熟，必須與我成功的分化，他們的天下也方能太平。

養兒防老不只是笑話，也是神話，養老防兒呢？其實也很落伍啦。有一天，我在網路上看到一個超級擬真的類人機器人 Sophia，不僅動作靈活且聰慧幽默，腦海立即跳出一幅老年光景：一群老人家比的不是誰家兒女孝順，更不是比誰的外傭聽話（將來可能是一個巴氏量表過關也請不到外傭的時代），而是互相打探用哪一種方案、買哪一款陪伴機器人最划算時尚。

學著說再見

第五件事是母親離世。我和母親感情相當好，她的離世是我最貼近死亡的一次，除了經歷一場後座力超出預期的哀傷，也是靈性深度啟發的起點。「生命很有限，什麼都帶不走」，從模糊的金句變成具象的畫面，甚至驅動我凝聚有限的智慧，開始思考我該留下什麼樣的身影、此後又該如何修整我的思維與作為。

我不知道母親對自己的人生滿不滿意、有沒有遺憾，但回顧她的一生，我認為我的後半人生必須開始建造的工程是「整合自己的人生」：接受自我過去的種種、滿足於現下的狀況、對未來抱著希望並坦然面對死亡。

我同時也領悟到，人真的是很渺小、很有限，「完全倚靠自己」是一件很辛苦也不可能的任務。人從天地來，首先依附父母，再依附同儕，然後依附人生伴侶。人生從中途開始，又必須面對一連串的殘酷分離：父母離去，親朋好友也將一個個凋零，伴侶的情緣終有盡頭，於是，又回到一個人的踽踽獨行。

我始終確信母親的靈魂未死，而是去到了一個宇宙最高主宰為她預備的天堂。於是，人生至此，我大方承認自己的極度有限、非常渺小，但我毫不羞愧，因為這世上人人皆然。於是，我回歸信仰、再次連結宇宙最高的主宰，人生輕省無重擔，生來如此，走時也該如此。不管有沒有信仰，最終連結宇宙裡看不見的主宰，回歸於天地。

以上這幾件事依次發生，終於打破了「最陌生的是自己」的混沌不明，後半人生的行走地圖漸次浮出：我從原本的角色出走，我從熟悉的日常出走，我從對自己的刻板印象出走，我從別人對我的依賴與期待出走，自然而然，這本書就演化成了「五十歲之後，我出去一下！」

出走，不只是為了嘗鮮一趟山明水秀的朝聖之路，更是每個熟齡母親進入空巢後必經的自我探索之路。

而人生後半的探索之路，無法迴避的，就是一路的失去、老化與衰敗。你看，連新聞媒體都很不查的常常稱我們為「五十『老嫗』」啊！因此，在這本書還沒確定會發展出何樣梗概與內容時，我就已然堅持，我絕對要寫一本讀者閱讀時笑聲比噓唏多上十倍的書，我相信我辦到了！

第一部

步上空巢列車，才發現最陌生的原來是自己

01 孩子長大了，應該先放個鞭炮

「突然沒有被需要的感覺，好失落啊！」

「你被自己需要都來不及了，還有時間失落？」

空巢不是一夕之間發生的。就像地球大滅絕，要發生很多次，一次淘汰一群生物、摧毀一個部分，直到地球自己平衡出一個全新世界；空巢，也必須由外而內、從形而下至形而上、從物質到心靈，層層掏空，才會從不習慣、不甘心、不知所措，調節至認命、知足、感恩、惜福、隨緣自在的「師兄師姊等級」之和諧空巢人生。

我曾有過三次鮮明的空巢感上身，從「無機體」層次、到「有機體」層次，再到「靈魂體」層次。

母子車也能騎出空巢

第一次是在十多年前，從一個無生命之機器體引爆。

某天，一陣秋風習習，我正感快意，碰地一聲，跟著我春去秋來十多年的腳踏車竟不解「風」情地應聲倒地，本已滿身風霜的它，可真成了名正言順的破銅爛鐵：落鏈、座椅彈開、龍頭歪斜、車鈴炸裂……。

跨前一步定睛細看，前座支撐娃娃椅的欄杆整個大斷裂！恍惚間，我才注意到車子居然還有個早就人走椅涼的「娃娃椅」。我的車居然還有娃娃椅！

記得老大二年級、老二大班的某一天，當我一前一後載著兩個大娃娃吃力前行時，這台原本堅固耐操的腳踏車就曾以「爆胎」的激烈行徑向我抗議。於是，我改成載大班的老二以及三歲的老么。當時二年級的老大自此被迫走向獨立。

一轉眼，爆胎事件再度重演。於是乎，老二也跟著走向獨立的命運。再一轉眼，三小子都不再是娃娃椅上的娃娃了。

我開始騎著空蕩蕩的母子車去買菜、繳費、買麵包、辦一些亂七八糟的雜事。每天，它的左右把手都被我掛滿了青菜蘿蔔鮮魚排骨各式雜貨，車籃裡也塞爆了牛奶醬油蠔油沙拉油。此老土車，任勞任怨、任重道遠、鞠躬盡瘁。

然而，它開始不斷鬧彆扭，一下子落鏈、一下子漏氣、一下子龍頭不穩，又飽受日晒雨淋，終於，它奄奄一息，肝腦塗地。我非但不疼惜，反而心中大喜。

牽著老土車走進單車行，沒想到，老闆劈頭便喝道：「你這個『娃娃座椅』沒在用了就整個拆掉啊！我幫你把主要座椅換一個新的，然後，龍頭調一調，落鏈上一下，再換個新的車鈴，其實，你這台車還很好用，根本不用換。」

手非常癢的修車控老闆開始敲敲打打、扭扭又轉轉，未久，就把車推還給我：「喏！還好騎得很。拿去，四百塊就好。」我的臉上三條線，無奈又踩上「功成卻不能身退」的車。

天啊！這車、這車、這車是我的嗎？娃娃座椅拆掉了、整個前座空蕩蕩，沒了娃娃椅卡住我的大腿，我的雙腿晃來晃去、頓失依靠，整個的不習慣，整個的不自在，怎麼那麼難騎啊？多麼希望娃娃座椅依然存在，繼續讓我的雙腿被制約、被牽絆。

原來騎母子腳踏車騎久了，也能騎出「空巢期」。但，沒有孩子之前，我本來是優游自在騎單人自行車的啊。

空巢列車啟程

第二次的空巢感上身，是三個兒子進入青春期。即便在這之前小子們已經上整天課幾年了，但至少每天傍晚五點之後、隔天早上七點之前，整間屋子仍然人聲鼎沸乃至兵荒馬亂，在在都讓我從一家子摩肩擦踵的熱鬧中刷到滿足的存在感。

但年齡相近的三小子一進入青春期，不論晚上七點半、早上七點半，有人沒人，「空靈系」基調都差不多，小子們彷彿都演化成「會呼吸的家具」，人明明都在卻又都不在，每一隻的心靈都失去訊號，只提供省電模式的點頭、搖頭或聳肩，大部分的狀態則是難以搜尋、斷線又斷片。此時期，乃「有機體式」的空巢降臨。明明身體在附近，卻是心遠地自偏。

第三次的空巢感上身，則侵入到靈魂體。此時，鳥兒飛離巢，無聲也無息，不讀也不回，心遠地也偏。別說斷線，根本分屬不同元宇宙。此時，開門關門，偌大的屋子只剩下倆老，有時只剩下自己；往外看、往內觀，都只有寂寞的靈魂體。

在媽媽群組上，有人表明很不願承認已一腳踏入空巢列車；有人則正在適應這班列車緩慢無目的的行駛速度，及窗外窗內皆然的昏幽空蕩；但也有人，才踏進列車未久，便恍然覺悟，看透此中真意而欣喜若狂——全列車飽滿空氣任君一人吸到飽、奢華補給前半輩子因勞心勞力而耗盡的血氧含量。

因為在此空巢列車上，再也沒人規定幾點得趕著下車把屎把尿、檢查功課簽聯絡簿、擔心孩子考不上學校夜不成眠，更無需換上晚娘面孔神出鬼沒、討人厭地沒收手機、切掉網路，一下黑臉一下白臉而多半灰頭土臉；毋須時時提防「恐怖分子」搗蛋突襲、毋須卑微面對「不服從公民」的嗆聲對抗……。

在這個空巢列車上，即便空蕩蕩，但隨你站、隨你坐、隨你躺、隨你走走逛逛，管它馬力強不強，管它重心不穩左右搖晃，爸媽們只要心血來潮，直接在列車上來個百米快衝也無人阻擋。

看見自己的需要

媽媽進入空巢，就像打了新冠疫苗拿到黃卡被認證，只要繼續保護好自己，其他、更其他，真的都開始成為他人的責任。就像面對疫情，我們能做的，就是戴好口罩、勤洗手，盡力保護好自己及打足疫苗而已，剩下的，都不在我們的掌控之中。

養孩子這件事，我們能做的，就是小時候把他們餵飽穿暖；成長時，在能力範圍內、在他們還願意接受我們影響之時，盡力栽培與提點，如此而已。剩下的，都不是我們能掌控。

因此，我認為，踏上空巢列車以前，第一件應該做的事情，不是感時傷逝，不是巴著黏膩的過去糾纏不死心，不是照著鏡子硬說我偏不服老，我還要管、我還被需要。

而是，去買串鞭炮劈里啪啦大肆慶賀空巢列車的輝煌啟程！不一定能慶祝終於可為自己而活，但至少能慶祝，終於不必為別人而活；同時，更要用這個震天價響的鞭炮示警：其他人等如伴侶、孩子們，你們，也要開始為自己而活，要能靠自己好好活。

小孩長大了，我們在空巢列車上可以歡樂跳舞，可以開心唱歌，可以翹個二郎腿小歇一番，也可以大聲打呼，可以行到水窮處、可以坐看雲起時，雲卷雲舒、潮起潮落都成了自由自在的自助之旅。總之，終於連起床和做飯這些事都不必趕了！因為孩子們都坐在自己人生列車的正駕座上了。

「突然沒有被需要的感覺，好失落啊！」

我說：「你被自己需要都來不及了，還有時間失落？」

讓鞭炮聲震醒自己吧！因為前面這段日子，我們忘了自己有什麼需要，所以沒被自己需要過。踏著鞭炮聲再上車，會赫然發現，熬過了把屎把尿、熬過了陪讀訂正功課簽聯絡本、熬過了如受虐者的孩子火山青春期，大家不就像拿到黃卡打過疫苗認證了嗎？能倖存，不就該先為自己放個鞭炮嗎？從無機體到有機體，再到靈魂體，統統給它炸醒，還要外加高空煙火燈光秀。

02 孩子長大了，我們就是空氣、陽光，和水

面對大孩子，爸媽必須練就如寧靜之水平面，不隨意起波瀾，靜觀一切變化，有本事沉澱與等待。

孩子長大了，不要再堅持我們就是爸媽，只能把自己當成：空氣、陽光和水。

孩子年幼時，我寫了第一本書《教養好好玩》，那時我說爸媽（尤其是媽媽）是孩子的空氣，小ＢＢ分分秒秒都無法離開空氣而活，他們不懂「物質不滅定律」，只要看不到媽咪，就以為媽咪憑空消失，哭天搶地。看不到媽咪和無法呼吸一般，是小ＢＢ所感受到的人生最大痛苦。因為：

沒有媽咪＝沒有奶水＝沒有安全＝沒有愛與擁抱＝無法生存

因之，當一個女人榮登媽咪之位時，她會突然感受到前所未有的振奮感與使命感，覺知到自我在天地宇宙間乃最神聖之能量組成、擁有無可取代的最高級價值。但是，在此最驕傲榮耀之時，我們沒有機會注意到空氣更重要的「物理特質」：無形、無色、無味。

十幾二十年後，我發現我們依舊要好好、認分的當孩子的空氣，因為長大的孩子可真把爸媽當「空氣」了，常常忘記我們的存在。

雖然爸媽是宇宙洪荒裡的永恆不變、永遠甩不開，但大孩子壓根看不到爸媽、不想看到爸媽，想不到爸媽、也不想想到爸媽。此時要認清的是，我們扮演的再也不是空氣裡的成分，而是空氣的物理特性。若沒搞清這一點，窒息的可不是孩子，一定是我們自己。

所謂無形，就是和大孩子保持一點神祕距離，愈少在他們面前晃來晃去，「空氣品質」就愈好，你的世界和他們的世界，空氣指標都能恆常維持綠色。

所謂無色，就是修練自持，事事隨風過，就事事都會過，喜怒別太形於色，別降格和尚在練習換氣的大孩子斤斤計較。如此，空氣自然清新宜人、含氧量高。

所謂無味，就是別堅持己見，別好為人師，沒事別愛出主意多嘴饒舌，等他們問再開口，那麼，空氣自然能形成對流。或許當大孩子感到空氣稀薄時，還會自個兒提個氧氣瓶來我們身邊汲滿所需。

北風與太陽

彼時，我們當小小孩的「空氣」，每天被抱緊處理以至喘不過氣，被分秒需要以至狼狽不堪，媽媽想要優雅，談何容易？然而，當孩子長大，我們若懂得扮演無形、無色、無味的空氣，那麼無論行、走、坐、臥，都只剩輕省優雅了。

孩子長大了，我們也是「陽光」，該散發光和熱時，就自然流瀉，不用刻意。

聽過「北風與太陽」的寓言故事吧？孩子小時候，我們深怕自己忘了天天露臉，總是溫暖擁抱、永不嫌多的溫暖陪伴、溫暖的共讀共學共玩，有時忍不住吹吹北風、噹一下頑皮的孩子，他們也頂多打個哆嗦，然後依然相信且需要太陽再次對他們微笑。

但是對長大了的孩子，驕陽可別照拂得太烈、太久，否則他們會躲起來，最後融化、扭曲、變形、消失無蹤。吹一吹北風，他們就耐不住一件一件衣服加上，然後界線一劃、房門一關，不再裂開任何空隙，任你變回陽光也回不了溫。

那麼，我們就當個自然出沒的太陽吧。不須用力、不必勉強，想露臉就露露臉，有時烏雲遮蔽，也別勉強振作必當微笑陽光。大孩子慢慢都會懂，也必須慢慢懂，天下沒有一處地方是天天白送給他們暖陽的，爸爸媽媽也一樣，總會有烏雲罩頂時，所以必須學著尊重且等待太陽，撥雲見日自有時。

如水般無形

孩子長大了，我們還要提醒自己當「水」。幾個月前，我把 LINE 的招呼語改成了「上善若水，安之若命」，每天告訴自己，要以「水」做榜樣，每當快要失去理智時，我就向自己喊話：「我是水，我是水，我是水！」

老子《道德經》曰：「水善利萬物而不爭。」人的最高境界就像水的品性一樣，默默地澤被萬物於無形，且不爭名利。水又如此柔軟，在什麼容器就變成什麼形狀，順勢而為，可巨大也可微小，能屈也能伸，無形而柔軟，但是力量卻最是強大，滴水可穿石，洪水則力大可比猛獸。

水平靜無波時，任何雜質都能沉澱於底。面對長大了的孩子，爸媽必須當水，練就如寧靜之水平面，不隨意起波瀾，靜觀一切變化，有本事沉澱與等待。

水是柔情之最，以柔克剛；必要時，更如匯聚之水，張持有度，韌力無窮，大破而後才能大立，這什麼涵義？孩子大了，有時父母就得狠心任他們受傷結痂成長，看似無情，卻才是真有情。

孩子長大了，我們必須常常告訴自己，我們就是空氣、陽光，和水。

03 老媽子做到死，年輕人廢著活？

命運自造，老媽子服務太好，
絕對只有當「民宿幫傭」的卑屈命格。

天氣極度悶熱，進浴室洗澡有種「改頭換面重新做人」的振奮感。特別是，孩子都大了，打工的打工、讀書的讀書、瞎忙的瞎忙，他們的世界離我有點小遠，所以打開淋浴拉門的那瞬間，突然有種投宿旅館的悠閒度假感上身。

不就是在自家洗個澡嗎？到底生活是有多麼貧乏才需要運用如此誇張的想像力呢？但是，只要把自己置入十多年前的時空裡，我真的會因為能擁有這片不受打攪的悠緩小時光而感激涕零。

想當年，一打三，洗戰鬥澡是基本規格，累到還沒洗澡就擁著奶娃睡到流口水，才是日常。能一個人單獨洗澡根本是「高等媽媽」的待遇，通常，媽媽我必須把奶娃一起丟入浴缸，再塞幾個可以噴水擠水同時會嗶嗶吧吧作響的小鴨子小瓶子，我才可以邊照顧「始終懷疑媽媽會消失不見」的奶娃，邊把狼狽的自己洗個七分熟，喔，不，是七分乾淨。

洗澡的過程很狼狽，洗完澡之後則是更更狼狽。從脫衣服、幫娃娃洗好再洗自己，到抱出奶娃、毫無羞恥心一絲不掛地幫奶娃穿好衣服、再自己掛上布料（穿衣服），這一連串動作都顯得多餘，因為，一出浴室，更多更猛的汗搞得讓人只想重複洗澡的動作……。

如今，我在浴缸旁大理石板輕輕坐下的瞬間，竟有歷劫歸來的感覺，老天爺終究還給了媽媽們正常洗澡的權利。這種正常洗澡的規格對長年被壓抑的媽媽來說，很容易就滿足，對帶三個年齡相近的野獸男孩媽媽我來說，更能魔幻寫實地膨脹成奢華之度假享受感。

不是自我催眠，不是自我想像，我真的覺得像在民宿度假！可以那麼輕鬆自在不食人間煙火地好好洗澡，就可以讓媽媽我唱出感恩的心哪。閉上眼，把細緻的泡沫滑在肌膚上一吋一吋輕輕搓揉，完全明白澎澎香浴乳的廣告主角為什麼做得出神魂蕩漾的表情，因為沒有奶娃在她旁邊爆哭吵鬧，也沒有學前娃在身旁追趕跑跳碰。

張開眼，調個剛剛好的溫度，讓嘩啦嘩啦的水從肌膚一直沖刷至心靈。現在，不只可以洗個豪華全熟澡，還可以洗到餐後甜點飲料好幾份。啊！心靈自由。啊！通體舒暢。

老媽子病非一朝一夕養成

低頭思量這一切發生的怎麼那麼地……不突然，才更珍惜，這「熬」出的一鍋洗澡水啊！低頭呵呵傻笑時，一個不尋常的轉場迸出來。欸？這浴缸怎麼摸起來……表層粗礫粗礫的，如同附著一層迷霧般。沒戴深度眼鏡的我湊近一看，哇！竟有此種不合格之劣等民宿？

浴缸非常均勻地分布了一層髒垢！那不就是一直有人洗澡、洗澡再洗澡，卻沒人高抬貴手刷洗經年累月鋪展出來的洗澡水「鍋渣」嗎？我立馬拿出專門刷洗浴缸的神奇菜瓜布，剛才怎麼一吋一吋地搓揉肌膚，我就怎麼一吋一吋地刷洗浴缸。

這一刷，又是滿頭汗的「全熟」外加滿臉爆青筋。住民宿的「fu」剎那間化為烏有，還立馬從「民宿客人」打回「民宿幫傭」。我很想嘲笑自己是狗改不了吃屎，但是，「老媽子病」真不是一朝一夕養成的，絕不可能在洗個澡的工夫裡就被治癒。

承認吧！「老媽子性格」就是新手媽媽從「跟小奶娃抱在一起洗戰鬥澡」做為起點、一節節敗退的不歸路啊！浴缸上的洗澡水「鍋渣」有多難刷掉，老媽子症頭就多麼難醫。雖然積重難返，但，總比不覺悟、不改變、不給自己重新做人的機會好。

因為，「老媽子性格」發展到最後，唯有兩敗俱傷的結局，不僅折騰一個女人必定活到老、做到死，更讓其他家庭成員愈老愈廢。即刻，回頭是岸吧！即便不可能百分之百達到「你好、我好，大家好」的全贏局面，但總能保障最低標「我好」。更何況，媽媽好，全家才會好；老媽子哀怨，全家絕對倒大楣，這是千古不變的真理。

你不狠，兒女就啃

某個早上去B1丟回收垃圾，遇到鄰居一位八、九十歲的老媽媽，提著一大袋要回收的舊衣服進電梯。原本個頭就很嬌小的她，氣喘吁吁，佝僂著背，顯得更矮小了！

一進電梯，她立即把衣服扔在地上，捶著背，唉嘆了一口氣，感覺真是心有餘而力不足。我禮貌打聲招呼：「×媽媽好，您真厲害，您幾歲了啊？怎麼還提得動這麼一大包回收垃圾呢？」

她沒好氣地翻了個白眼說：「我不丟，沒人會丟啊！」

其實我本來是要提醒她，地下室已經不收舊衣物了，於是又禮貌地開口：「現在舊衣物要拿到菜市場旁邊的舊衣回收箱哦！」

她又唉了一聲：「我知道啊，但你看我，現在提不動了，怎麼可能拿到那麼遠去？所以我都放到地下室，拜託來收回收的人幫忙拿去舊衣回收箱。」

我恍然大悟：「原來是這樣，您現在是一個人住嗎？」

老媽媽連唉三聲：「還說呢，我家裡都是老小孩子，沒用啦！」右手連揮了三次（沒用啦！沒用啦！沒用啦！）。

說著說著就到了B1，我順手幫老媽媽把舊衣物拖出去，她言謝，喘口大氣便上樓了。

跟管理員小聊，才得知八十多歲的鄰居老媽媽有兒子也有媳婦，年約五十幾，一早都去上班。從體力好、身體強的時候，她便伺候兒媳與孫子習慣了，但歲月不饒人，終有做不動的一天，此時，與兒孫輩相處模式卻已固定，想要翻轉並不容易。

如果兒女孫輩向來被能煮能掃能抹能洗能幹得不得了的老人家照顧周到，即便邁入五十，恐怕還是青菜蘿蔔怎麼切都還沒學會的老小孩，遑論另有一份細膩心思去體察老人家的日暮西山，已從照顧者翻轉成需要被照顧者。

誰人體弱筋衰一難受起來不唉唉叫個幾聲呢？更何況是面對從己身出來的兒孫骨肉，從小一路悉心照料，跟他們討幾個拍不過分吧？很正常吧？老來病苦，但若是下一代成天忙碌，或是還無意識父母已然老去，恐怕老人家唉久了不但不被同理，反倒可能遭人嫌、惹人煩。

看到鄰居老媽媽連回收垃圾這麼個簡單的差事都還交不出手，不正是老天爺貼心給我的諭示：「老媽子症頭」無法藥到病除，唯有早一點學著狠心、耍笨、比懶。

若是期盼兒孫及伴侶人人挽起衣袖、為家盡責，那老媽子請甭客氣，短痛總比長痛好，就直截了當說清楚、講明白；說了家人還裝傻擺爛、毫無動靜，那麼，就使出撒手鐧：斷炊、斷糧、斷水、斷電，待不下去的就請自便，只要別斷了關係就好（老媽子只剩一張「刀子嘴」？）。

站在人生發展的歷程來看，與原生家庭分化，是人自然且必然的過程。你若不狠，別人就啃！命運自造，老媽子服務太好了，絕對只有當「民宿幫傭」的卑屈命格。

擺脫老媽子宿命

每天一醒來，接踵而至的繁瑣家務事便落在我的肩頭。家裡四個男人倒也不是完全不幫忙，但確實因我這個恆久的存在而非常有安全感，因我包山包海的能幹而過得相當舒服。我必須處心積慮地謀劃，必須帶點霸氣的貫徹，如此，方能勉強達到「一個命令一個動作」；稍不留神，我堅守的底線立即斷裂。

此階段，正是年輕人為自個兒人生奔忙之時，雜事瑣事自我照顧都非重要事，因此，能閃則閃、能躲則躲，此為大部分年輕人的正常反應。

說實在，在團團圍妥的舒適圈裡，有幾個年輕人願意主動空出個縫隙為家裡灑掃庭除、分擔雜務呢？唯有老父老母的援助不再、凡事必須自己來，年輕人才可能被迫學習自我照護、自我獨立。

老媽子的角色不必是永遠的設定，而這個大環境對年輕人再怎麼不友善，「茶來伸手飯來張口」也不是老人家該一直無條件給予青壯族的特權。這不是愛，是害，剝奪他們完全自立的機會。

我的確聽聞過，半百才領悟到自己蔥蒜不分，洗米按電鍋都不會，還有人從未有機會直面洗衣機。戀家兒窩著窩著，當然就窩成了老小孩。有本著作《面對父母老去的勇氣》非常暢銷，若是來寫一本《老父母陪伴老小孩的勇氣》，銷售量會不會翻三倍呢？

不過話說回來，我真的很懷疑，以上我使盡一個半百婦人的千萬豪氣，除了給自己壯膽、唬一下家人，是不是根本說給自己爽快的？哈！四個欸，一個小部隊欸，憑我的特強母性、特柔軟之秉性，自顧都不暇了，我真能軍令如鐵、軍紀如山地成功帶兵嗎？

我的確想過一條後路：不成功，便花錢！若真無法擺脫老媽子做到至死方休的宿命，那麼，還有最後一計。

無意間看到關於日漸興盛的「養生村」資訊，非但不是傳統養老院那種冰冷陰暗如同病房的既定印象，反倒是滿眼五星級大飯店的氣派、寬敞、明亮。當然，口袋愈深，選擇就愈多、愈好。

既有一房一廳，也有一房兩廳，所有居家設施都仔細考慮到老年人身心的細微需求，這種專業環境是自家怎麼也做不到的。蓊綠青木環繞、散步鋪道舒適，有各種才藝教室，想種菜也有農地，又有醫療團隊，多元化、社區化，我等老媽子可終結一輩子忙碌疲累人生。

看到名作家齊邦媛在養生村的幽靜環境裡完成《巨流河》等巨作；薇薇夫人則優游於適合自己的養生村，閱讀繪畫飽覽電影，展現銀光閃閃的美麗新榜樣，更讓我怦然心動。

重要的是，直到再也做不動、需要別人照顧時，「老媽子病」卻已入膏肓的我等良善老母，絕對又會陷入深怕麻煩別人、耽誤家人的婦人之仁裡。選擇養生村，便終可放下矛盾的罪惡感，這應是老媽子能給家人的最後溫柔。更重要的是，下一代的生活與生命，便可順理成章撒手不管，留待他們自己琢磨。

搬進養生村，不是子女不孝，是不想孝順子女；我不接收年輕人製造的麻煩，

也不想給年輕人製造麻煩，於是，老媽子VS.老小孩，不是一個願打，一個願挨，
而是game over！

04 大媽的另類身教：慢慢來，比較快

維持慢慢的、笨笨的、鬆鬆的、空空的，平衡全家箭在弦上的緊繃匆忙。

家裡每個人除我之外，都行色匆匆、好忙好忙啊。客廳從早到深夜都被在家工作的老公占住（小公寓擠五個人真的沒辦法為一家之主騰出像樣的工作室），有時候他怕吵到其他人，還得窩在廚房寒傖的小板凳上開會，我連倒個垃圾都得像障礙賽高手一般，跨過他整坨（人＋小板凳＋筆電＋墊高筆電的另一張高板凳）之古怪複合障礙物。

他馬不停蹄地開各種大小會議——跟美國總部開會、團隊會議、行政會議、各種一對一會議……，總算有個幾十秒鐘去小解跟我擦身而過時，就把我壁咚，爽快吐一口苦水（不是口水）：「事情一大堆，做不完啦。」

這是老公白天滿滿行程跟我的唯一短暫交會，倒是提供給離開職場多年的我化為辦公室女郎的想像空間。我秒化作一位（在想像中）身材惹火的妙齡女祕書，體貼溫柔地幫大老爺奉杯茶水。

兒子們也是馬不停蹄地上網課、補習、做實作作品、實習、工讀，每個人總是神龍見首不見尾。偶爾見到首，也是睡不飽的首，令人掬一把同情之淚的倦容。（誰叫晚上滑手機不睡覺。）（都成年了不在我管轄範圍。）

「要上課了喔！」

「今天工讀實習喔！」

「要考試了，得去讀書了！」

「我要進房間開會了，媽你不要進來嘿！」

「學校有工作，今天不回家睡喔。」
「五分鐘後線上補習！」
「這週評圖，我現在每天都沒辦法睡覺！」
「拜託，不要管我幾點睡！」……

每個人都活像是有為好青年、朝著理想目標奮發向前衝衝衝，我只能安慰自己：「哇，家裡最美的風景真的是人，個個都奮發向上。」

名副其實的菊「仙」

然而，孩子長大後，成了閒人的我，倒成了「家裡最怪的風景」：在一整團忙忙碌碌中，我的步調慢得如在舊石器時代的不食人間煙火；在一屋子企圖心與躊躇壯志之子彈穿梭中，我則是一枚在須臾之間就犯頭暈心悸的超低電量更年期大媽。

他們一件事接著一件事沒停過，我則是一天的體力只夠做一件不大不小的雜事。只好走進臥室，把門一關，打回大媽原型，套著只為舒服蔽體寬如麻袋的大尺寸衣褲，繭居起來。除了背景圖畫不同，我的心境可完全比照田園生活。結廬在臥室，而無雄獸犬子喧。

這一輩子，我的名字「菊仙」，此刻終於名副其實。畢竟，我連本本分分的吸地、擦地都做不了！東一句「不要隨便製造噪音」、西一聲「不要隨處走動」戒備之森嚴，不得不讓給大爺們安心奮戰的大好前線區。我只能說，要「胸無大志」就徹底一點，連家裡放給它亂都有了充分的理由。

老實說，如今家裡終於走到這等齊心向上的壯盛昌景，可是我十多年前就憧憬著但從未有膽量想像且能實踐的。

對比從前，我一個腦袋裡裝了五個人的生活日程表，活像一個技巧熟練的懸絲木偶操作者，一口氣得拉上四、五條不會動的人偶，兩隻手輸出十隻手的效能。我得清楚掌握哪一條線的寶寶要喝奶、哪一條線的寶寶要睡覺、哪一條線的寶寶要上課、哪一條線的寶寶要陪讀故事；哪一隻小獸回條未交、哪一隻小獸練琴不過、哪一隻小獸數學落漆、哪一隻小獸罰寫罰抄幾遍根本搞不清。

我的腦袋本身就是沒有橫豎線條、沒有格子的 Excel 神奇試算表，每天睡前會自動計算與整理，快狠準地跳出隔日清晰分明、且絕不會相互打結的五條活動曲線。第二天一早，只消一杯濃濃咖啡因，腦袋裡的試算表便立體成型。

慢慢於每個當下

家裡就是必須有我這樣一個多工毫無障礙的「主機」，因為其他的應用軟體都心連心手把手的一同怠速，呈現一團弱弱弱到幾近當機的亂碼。

我一整天被迫處在多工模式，且事情不是一件接著一件，而是一團接著一團地指揮若定。彼時，全家皆醉我獨醒，幾乎時時刻刻，我都像灌過保力達B、精力過人。一家之中就是要我這麼一個頭腦清楚、快狠準的頂梁大柱，否則一家子天崩地塌。

而如今，眼下此時，當年怠速的幾個小子及老子，居然搖身一變，箭在弦上、緊繃匆忙，我突然覺得我這個 Excel 神奇試算表在多數時刻早就自動跳成省電模式，慢慢的、笨笨的、鬆鬆的、空空的，如此始能使全家之「平均張力」保持在平衡狀態。

目前的我，非常甘願也必須當個拉低戰鬥力平均分數的「慢」人。該睡我就去睡，這樣做，至少讓其他人還不至於完全遺忘入眠時間的健康標準值；該散步我就大踏步出走，回家就輕輕讚嘆樓下中庭的大樹漂亮花朵美麗，或許能勾起其他成員想起大自然的負離子與芬多精之滋養價值；該伸展運動我就打開臥房，讓一尊尊馬鈴薯經過時至少起一點「鏡像反應」，薰陶鋪陳久了，說不定真的會產生複製作用，起而效尤，馬鈴薯終於過起了健康的滾動人生。

總之，過去，我無奈且痛恨一家永遠處在怠速狀態，我必須當個「快」人提升戰力；而今，全家都喪屍式地踩著油門，我則當然必須當個具有靈魂的模範「煞車」。

有位禪學大師說：「與其說『不要光是坐著，做點事吧！』，不如說『不要光是做事，坐下來吧！』。」家裡至少要有一個「慢下來」的人，慢慢起床、慢慢切菜、慢慢吃飯、慢慢走路、慢慢打掃、慢慢說話、慢慢洗澡，慢慢於每個當下。「行緩則安，事緩則圓，語遲則貴」，慢慢來，比較快。慢慢吸氣、慢慢吐氣，老得慢、活得長。

05
養兒一百歲，常憂九十九。何不送上相信與祝福？

父母對孩子的「憂慮」，是穩「賠」不賺的賭注，適度切割，改為「相信孩子」與「祝福孩子」。

和一群三十出頭的年輕人聊天，其中有些成雙成對，也有單身者，只有一對結了婚。我很好奇，便問其中一對交往多年卻不打算結婚的情侶：「為什麼不乾脆結婚？」

女生笑笑說：「現在是一對一的關係，結了婚就是一個家庭與一個家庭的關係，長輩會開始關切，為什麼不買房、為什麼不生子？如果生了，還會沒完沒了，為什麼不生第二胎？而且，我看到有生小孩的朋友，真的過得好累，身體累、心裡累、錢更累，看了不羨慕而是好害怕。阿姨你看，現在這種沒有人性的房價與物價，你不覺得我們維持現狀挺好的嗎？」

單身宅宅才是主流？

我再轉頭問問單身者：「那你們這群呢？不想談戀愛嗎？」

「唉，不是遇到不對的人，就是遇到對的人但時機不對，或者，乾脆說，遇到的人也對、時機也對，但是我自己不對，哈哈哈……現在愈來愈習慣獨自一個人了，既不需要遷就他人，更不用討好誰，最重要的是，省很大。現在年輕人有手機，有社群，有劇追，其實當個『宅宅』真的沒有多寂寞，習慣成自然。」

「但是現在年輕一代不都流行ＡＡ制，談戀愛哪要花什麼錢？」

「別相信什麼性平時代，其實，『假性平的真公主』、『沒性別的媽寶王』

比較多，我們幹嘛沒事找個公主來伺候，找個媽寶來激發母愛？再說，約會就是要花錢，要打扮、交通費、機油錢、旅行更要錢，真要談個滿意的戀愛，恐怕就不用活了。算了算了！打 game 省錢又快樂。」

「人生總是有要負擔的責任，總不能打 game 打一輩子吧？你們不會憂慮嗎？」我問。

其中一個博士等級的年輕人悠悠緩緩出聲：「阿姨，現在我們這些年輕人跟你們那一代不一樣。我們勒緊褲帶不吃不喝大半輩子也買不起房子，光是這一點就讓我們對結婚生子卻步、倒盡胃口。我覺得房價總有跌下來的時候，畢竟現在少子化，以後則是『無子化』，房子愈蓋愈多，是要賣給誰？如果供過於求，房市絕對會慢慢調節到一個合理的價格，到時候一定會有年輕人來買的，別擔心！但是……」

三十來歲的博士話鋒一轉：「我們這一代，恐怕等不到了。我們是人類發展史上必須存在的『壯烈犧牲的偉大一代』，我們用不婚、不生、沒房、單身狗的代價，迫使房價可能有正常化的一天，為『再下一代』爭取回歸『正常人生軌跡』的可能。」

啊！我這才明瞭，眼前都是為未來人類追求福祉的「現代版黃花崗烈士」，豈是拋頭顱、灑熱血？新世代更從「三拋」（拋棄戀愛、結婚、生子）繼續壯烈（惡化）成「五拋」（再拋棄買房、社交花費），八年級生甚至已達N拋（拋棄夢想和希望……）無欲無求之佛系境界。經濟學家亞當．史密斯大概沒想過他提出市場裡那隻「看不見的手」，居然把二十一世紀新世代搞到看不見人生。

新世代的變奏人生觀

來看一個現代版寓言故事：「小島漁翁與富翁」，這個故事可能你也熟悉：一個富翁到小島上度假，終於可以忙裡偷閒看海釣魚，好不愜意！富翁觀察了小島上的漁夫幾天之後，終於忍不住建議他：「你每天釣完幾條魚就休息了，為什麼不多釣幾條呢？」

漁夫：「夠吃就好了，幹嘛多釣呢？多的時間可以陪陪家人和小孩啊！」

富翁：「吃不完的賣掉可以賺很多錢，有錢就可以買船，捕更多魚，再賺更多的錢。」

漁夫：「然後呢？」

富翁：「你就可以雇人來幫你釣魚、甚至建立一個船隊，捕大批的魚，賺進大筆財產。甚至可以做魚罐頭工廠，賣到全世界。」

漁夫：「然後呢？」

富翁：「你就可以跟我一樣，利用假期在小島上度假，享受人生。」

漁夫回答富翁：「可是，我現在不就過著這樣愜意的生活嗎？」

感受到了嗎？現在的新世代好像小島漁夫，而我們這一代滿像富翁。我們從小衣食不豐足，永遠信奉「金錢萬能論」，但這一代年輕人卻反而質疑起壓力存在的意義。尤其，這個世界貧富差距愈來愈大，富貴得靠世襲、貧窮絕對複製，新世代已認清階級難以流動的殘酷現實。「翻轉人生」對某些新世代來說，差不多是包裝漂亮的詐騙術語。

韓國早在文在寅時代就考慮過將年輕人指定為「弱勢族群」，應予以補助，並且大方承認當今的社會可能已扭曲成「有志者，事不見得竟成」。

羅怡君在著作《童話逆思維》用「小島漁夫」這個寓言直搗新世代的變奏版人生觀：眼見富二代繼承大筆財產，不用努力已是贏家；反觀自己，無論怎麼奮鬥，都困在無效掙扎中。那麼，人生的第一課題還是積極向上、想辦法賺大錢嗎？恐怕，想辦法保障自己仍能擁有幸福快樂，才是接地氣的真通透。

根據內政部統計，二〇二二年，在二十至四十四歲人口中，未婚者竟超過百分之五十。另外，全台灣「一人單獨生活」的戶數，已經突破三百萬大關，占百分之三十四，估計至二〇三〇年，「單人家戶」的比例，將超過「父母與未婚子女同住」的家庭型態。

我贊同羅怡君的結論：「每個世代面對的環境現實不同，內在心靈的追求已發生本質上的改變，我們若持續用上個世代的紅蘿蔔，來引誘新一批喜歡吃雜糧的驢子，無異是緣木求魚。」

上一代總是看不慣下一代，是因為上一代看不懂下一代。世界不斷在變化，且變化的速度愈來愈快，全球已踏入一個非常奇特的「超單身社會」，要看得懂下一代，必須先看透社會的新結構。

不婚、不生、不買房，甚至不談戀愛、有經濟條件者搬出去變成「一人獨戶」，想省錢的就窩在家裡蹭飯吃、蹭屋住，這在我輩來看，真是窩囊不成材。

但是，現代版的人生軌道確實很可能已演變成：二十知天命（很難買房）、三十而不立、四十已看破、五十到時候再說……。只要不是完全躺平賴活，年輕人可能都覺得已對得起良心，父母勢必得學著放下「富翁思維」之干涉，孩子在此絕望亂世樂當「小島漁夫」，至少還尋覓得到屬於自己的太平「剩」世。

新世代的人生排序就是和我們不同，能活出屬於自己的生命價值，那便是屬於他們的太平「盛」世。放大孩子的價值，他們就愈來愈有價值，愈來愈好。

而咱家孩子成人之後，我也完全見證到，兒子們解決問題的能耐超乎我等老派僵固腦袋；他們不是沒有責任感，只要是他們發自內心想做、想學習、想挑戰的任務，責任感的強度彷彿裝上高壓強力水柱噴頭，衝勁高張逼人，順便把爸媽衝到一邊涼快。

放他們去衝吧！我們就晾在一旁當孩子永恆不變的堡壘。

關於放手這件事

寫了這麼多，還是有我輩父母看不開。說實在，到某個境界，我們必須透徹一個事實：孩子只是藉由我們肚皮來到世間的獨立生命個體，在此我藉由比我們「低等」的動物之「高等」智慧，與勞苦一生的父母們相互提醒與勉勵。

我曾看過一段影片，小白頰黑雁出生沒多久，連羽毛都還未長齊，就被雁媽媽逼迫從高山岩壁跳下懸崖。雛鳥墜落過程不斷揮舞著翅膀，最後撞擊在陡峭的岩壁上。為什麼雁媽媽如此狠心？難道不心疼自己的骨肉嗎？

原來，白頰黑雁是分布在高緯度的鳥類，寒冷的北極苔原缺少高大的樹木，多半是苔蘚和地衣。如果雁媽媽在荒原上下蛋，很快就會被眼尖的北極狐和北極熊吃掉，因此才選擇在陡峭的岩壁下蛋。

雛鳥破殼後，荒涼的岩壁上也找不著食物，鳥媽媽無力覓食來餵哺雛鳥，因此，必須狠心逼迫雛鳥從高山跳到谷底，讓雛鳥有機會到水草豐美的谷地，找食物餵飽自己。

在人類看來，母雁這樣的行為實在不可思議，這根本是九死一生的賭注。但對於整個族群繁衍來說，卻是最好的選擇。倖存的雛鳥儘管有限，但就是有機會留下活口。如果把雛鳥都留在荒原，只有同歸於盡的命運。

人類是高等動物，但父母對於「放手」這件事，卻是所有生物中最弱智的魯蛇。我不是在罵各位讀者，因為我也是苦思突破之道的困惑父母之一。

《我們是血脈相連的陌生人》一書引用一個古老、有趣的理論：「啐啄同時」：雛鳥破殼而出的過程，必須先由雛鳥在蛋內輕啄蛋殼，母鳥具有收到雛鳥意欲出殼的本能，一聽見聲音，就會從外面啄破，如此裡應外合、啐啄同時，雛鳥才能成功破蛋而出。

同樣的，人類孩子和父母切斷纏綿黏膩的「心理臍帶」，也必然是「親子協作」的過程，當爸媽發現孩子外熱內冷（對外在世界很熱切、看父母連一眼都嫌多），就知道「孩子破殼而出」的時機成熟，爸媽如果錯過良機，孩子很可能就無法完成所有生物體都必須經歷的「分化」任務。

孩子有能力處理的，就放給他們去磨練，摔傷了也必須忍痛讓他們自行復原；孩子有能力搬出去獨立生活的，就要相信他們有自我存活的本能，外面的世界一定有風風雨雨，他們必須學習為自己遮風擋雨；孩子還沒能力完全獨立負責的，在他們能承受的範圍內別太心軟、更別雞婆。

把偶爾回家的成人孩子當客人

所謂「養兒一百歲，常憂九十九」，人類的青春期愈拉愈長，以前是十二歲至十八歲，如今向下從九歲開始，向上延長到三十多，甚至不乏四、五十歲的老小孩。父母若不切割、不止憂，可能真的只能打一一九。想了很久，只能貢獻一個土法煉鋼的方法，看能不能幫助老父老母及我自己逐漸對「放手」上手。

記得孩子小時候，我們都一致認為「易子而教」最為有效，別人家的小孩總不讓人失望、總是比較乖巧受教嗎？其實真相是，別人家的孩子受不受教不干我事，畢竟沒投資的標的，任它怎麼波動，我們都不會心痛。

所以，結論很清楚了，孩子長大之後，唯有一招：把自家孩子當成別家的孩子。

於是，現在的我，常做以下練習：對於偶爾回家的孩子，我都當成「客人」，只要回家，絕對殷勤款待，讓「客人」相見便已開始懷念；對於仍常在我左右的成人孩子，則期許自己當個稱職的「民宿主人」，將他們視作「房客」，不干涉、不打擾，生活盡量還給他們。

做不到？那就長憂九十九吧！我養三隻，99×3＝297，若再加上「憂自己」，我應可直接宣告人生已滅亡三輩半，自律神經永遠喔咿喔咿（無醫無醫）。

容我再揭發一個真相：對於成年的孩子，我們能做的、能影響的，真的不太多，可能只有百分之〇．〇一弱。我很喜歡的韓劇「我親愛的朋友」裡有句話：「不管有沒有教孩子，他們都不會照著我們的意思走，這就是人生。」

所以，所有父母對孩子的「憂慮」，是穩「賠」不賺的賭注，還沒走過一半人生的孩子通常不會被我們左右，更不會為我們歡喜為我們憂，他們多半都要走自己的路。

要如何做到對孩子的未來不憂不懼？別無選擇、絕對必須：適度切割，而改為「相信孩子」與「祝福孩子」，如此，才可能遇見止跌回升的拐點。

祝福孩子一生順遂、永遠不會遇到糟心事嗎？人生就是場修練，因此，無論媽祖、觀世音或是上帝耶穌絕不會少給任何人「人生驚嚇禮物」。要祝福孩子，當他們遇到糟心事時，練就能自己挺過來的堅韌本事。畢竟一個成年人的改造，只有百分之一來自提醒與教導，百分之九十九都來自社會的千刀萬剮。

當孩子正在經歷千刀萬剮時，父母的心則如億刀兆剮，但我們還是不能代替孩子承受。因此，我們明白且接受，誰都不能代替誰走過獨一無二的生命旅程。

06 老人家學獨立，靠女兒學得慢，靠兒子是保證班

生養兒子真的有大用，小時候訓練父母心臟強度，長大後更提前訓練父母獨立韌度。

有天，我去某國中演講，開場前，輔導主任趁機跟我訴苦：「彭老師，你知道我多渴望你來我們學校演講嗎？因為，我跟你一樣，住在男生宿舍，我真的很不理解這些雄性動物，今天一定要跟你好好討教一番！」接著，主任一氣呵成沒有逗號的長篇抱怨文上場，我連插話的機會都沒。

半年多前，她親愛的爸爸過世了，因為她與父親關係親密，因此父親的離世令她相當難過，常兀自掉下淚來、不能自已。本以為就讀高中及大學的兩個兒子也該懂點人情世故了，會安慰媽媽；更期盼相伴幾十年的老公識相地給她抱緊處理。沒想到，她獲得的，自始至終都是硬邦邦的三片「塑膠」，永遠丟包她一人獨自飲泣。

失去父親原就傷心已極，家裡又沒半個有心有肝有情有義的人類可取暖，主任不只非常失望，更非常羞愧：「彭老師，虧我還是輔導主任，你看，我給孩子的教育多麼失敗！問題到底出在哪？」

我凝視主任兩秒，心中大喜，默想：唉，我怎麼不早一點來這所學校呢？咱們可是天涯淪落人啊！主任才開口三句就完全療癒了我數年來的寥落。

我拍拍主任，說：「主任，您的遭遇，我統統都有；您的感覺，我統統都明白。別提您是輔導主任，我還親子作家呢！我家的狀況，也差不多啦，哈哈哈……。」正因為我家比她家多了一片硬塑膠，因此，我了悟得比她更早、更快、更透澈。

不安慰別人就是最好的安慰？

某個暑假，又是鋼鐵直男全數回巢的大崩壞季節，成天作息大亂、家裡髒亂不堪，三隻血氣青年不時化為火山、家裡可謂四處滿布地雷，我誠惶誠恐、壓力破表，於是心生一計：走，為上策！

即知即行，我立刻安排了一趟一人七日遊。

我以為，一踏出家門，四片塑膠便會頓失所依、幡然悔悟、痛改前非，我應能笑傲江湖，坐收一通接著一通浪子回頭金不換的致歉電話吧。

不料，第一天晚上，我痴痴地等，直等到深夜，手機毫無動靜，沒半通電話關心我的下落與死活。

第二天淒清依舊。第三天，除了知道我出走的姊姊們來電關心之外，我成天掛念又妥貼照料的四隻白眼狼依舊沒消沒息。我這悽悽慘慘戚戚的苦主大媽，真是太低估四片塑膠的硬度了。

直到第五天晚上，我終於接到兒子其一的電話。他劈頭又急又促只一句：

「媽你知不知道那個接到Chromecast的插頭線在哪我現在要用。」

哇，我已然冰冷的心硬是被戳上一刀。死屍般零溫度冷回：「什麼？我不知道你說什麼。」

「喔你不知道啊好那算了！」兒子秒掛電話。

本來到了第五天，我幾乎已開始享受起拋家棄子的偽單身狀態，不料，兒子這通電話，又把我打回第一天的孤影自憐。

過了幾個月的某天，趁著燈光美、氣氛佳，我突然想到此事，便問兒子：「為什麼媽媽出去七天，你們連一通電話也不知道打來關心一下？居然只打電話關心什麼電線接頭的？」

兒子答道：「是老爸說的啊。他說媽媽應該想一個人靜一靜，特別交代我們不要隨便打電話打擾你啊。」

我詢問元兇，結果咱家「法老」理所當然地回答：「本來就是這樣啊，誰心情不好時想被人一直打擾啊？」結果，旁邊三片塑膠眼神裡顯露團結一致的默契：是啊，就是這樣啊！

雄性洞穴時間

難怪，咱家當時的寂寞十七歲、低潮十九歲、迷惘二十一歲，以及近六十的更年期直男，往往一進門就使了隱身術，不只是形體隱遁，連靈魂都失蹤。

心理學有個關於男人的重大發現，那就是，當男人心情不好時，會將自己封閉在一個屬於自己的獨立空間裡。此乃源自遠古以來演化的基因，因為男人必須在外狩獵拚搏，總是受盡風吹雨打搞得渾身是傷，因此回到基地之後便會兀自鑽進洞穴裡以自我療傷。此稱為雄性的「洞穴時間」。

男人不喜歡用自己的問題去煩別人，也不習慣帶給別人負擔，他們碰到問題，多半想先獨自靜靜地思考，焦點放在解決問題而非傾訴心情。因此別人多一句關心、多一聲詢問，等於多一個干擾。

因為男人普遍如此，因此，當別人心煩意亂時，他們直覺反應就是：別去打擾，讓他（她）自己靜一靜。說他們像死人骨頭一般沒心沒肝沒同理心？但，他們以為自己徹底將心比心，才能釋出此高貴且高等的仁慈。

我又跟主任補上一句：「主任，您家的雄性動物愈冷漠，代表他們愈仁慈，因為他們以為您也需要『進洞』療傷啦！」

住在男人宿舍裡，當落得我孤苦無依暗自傷悲狗也不理時，沒錯，我已經懂得，這是我們家雄性動物給我的深層療癒與體貼。他們可比擬大慈大悲救世主了，愛我愛到骨髓最深處！

我家四隻鋼鐵直男，有三個分別處在青春期之高峰、中期及晚期，另一個更邁入了更年期，因之，四隻一回家就分別「直線進洞」，幾乎是司空見慣的日常，且每個洞都是深門大院，森森又嚴嚴。唉，寂寞的十七歲，怎敵我寂寞的五十歲啊？

「句點王」與「句點天王」

男人除了以為「不安慰別人就是最好的安慰」之外，還有一個女人窮盡一輩子也無法參透的特點，那就是：真的很不好聊！

我的原生家庭是四姊妹，三個姊姊又都生女兒，因此，娘家的 LINE 群組從早到晚都像熱鬧的菜市場，從姊姊到她們的女兒，每天都有海量的、海派的貼文，人生海海，家事、國事、天下事、有事沒事，你家事我家事，沒有冷場的理由。

有天，也在群組裡的我兒之一突然提議：「媽，你娘家群組好吵哦，從早到晚叮叮咚咚的，我能不能退群？」沒想到此兒一提，另外兩隻立馬附議：「對啊，打開來看都是屁大的事，我也可以退嗎？」

難怪，我們家成分有五分之四是硬塑料的群組，向來都像里辦公室布告欄，只貼公告性事務，且百分之八十七是已讀不回。若貼勸世文、雞湯文、保健文、長輩貼圖，百分之一〇一沒人會讀。

男人真的非常無「聊」，這乃是有科學依據的。二〇〇四年一篇發表於《今日心理學》的文章，引用美國精神科醫師哈爾茲曼（Scott Haltzman）的觀察：「女人一天約使用七千個字和五種語調說話；男人僅使用約兩千字和三種語調。」德州大學潘尼貝克教授（James W. Pennebaker）研究發現：「男人和女人談話的內容有明顯差異，男人偏向談論『事』，女人偏向談論『人』。」

我終於明白，為什麼男生成為男人之後，最大的改變就是從嘰嘰喳喳變成啞巴。以前咱家還在「男生宿舍」階段時，老母我時時刻刻都要盡忠職守當個「句點王」，以鎮壓一屋子的吵鬧不歇，雞飛狗跳。

如今，男生宿舍已變成「男人」宿舍，多數時間呈一片死寂，個個都是句點王，且只有「句點王」和「句點天王」的差別。有時句點甚至沒有出場機會，畢竟，句點前還是需要一、兩個字句做搭配的。

男人宿舍栽培出獨立老媽

這也難怪美國一項針對一萬三千兩百二十二名五十歲以上父母所做的研究，得出：隨著孩子長大，生男孩的父母智力水準會變得比生女孩的父母之智力水準低；且兒子生得愈多，認知能力退化愈快（全身發抖中）。專家認為，這是因為女兒比較能帶給父母情感支持與社會支持，對父母的健康有明顯幫助，因此能降低憂鬱症、失智症的風險。

還有一個令人瞠目的報導，ＢＢＣ在一篇〈要小孩還是不要小孩？科學分析哪種人生選擇更「幸福」〉中提到：「生養孩子這種最初強烈的紐帶和極度幸福感會隨著時間的流逝而逐漸衰退。這並不是因為父母不再愛孩子或後悔生孩子了，而是因為隨著孩子慢慢長大，變得愈來愈讓人費心，父母需要擔負的責任愈來愈多。」也歸納出：「有孩子的父母相比沒有小孩的人所經歷的情感體驗無疑要強烈得多。」我生了三個，費心指數已高達三倍，且三個都是兒子，老來更有失智與憂鬱的高度風險，真是（３×２＝６）六倍打擊啊！我何苦挖坑給自己跳呢？

打從他們青春期突變成「洞主」與「句點王」始，我參透了自己受到一個老天特許的福報，那就是，在家常像是幽靈人口與透明靈體的我，已被迫提早覺悟：人生到頭來就是「一個人的江湖」罷了。

家有晚熟的男人才有早熟的老人啊！的確，放眼望去我的親朋好友，有一個新奇的發現，不少都生男孩的老人家雖然看起來很孤獨，但通常特別獨立。

從被一窩小獸疲勞轟炸，到如今快被一屋子的寂靜逼死，我應該要叩謝男人宿舍的提早栽培，他們還沒完全意識到自己即將獨立自主之前，我可比他們更早意識到自己必須在情感上、心靈上、生活上、經濟上快快獨立自主，在虛擬實境中品嘗孤獨與練習獨立已是每日功課。

兒子啊，兒子啊，我終於發現生養你們真的有大用，小時候你們訓練我的心臟強度，長大後更提前訓練我的獨立韌度。誰說生養兒子老得快、病得早、憂鬱得不得了？好啦，就算以上都是自我安慰，我還是必須做個打不倒的鋼鐵結論：老人家學獨立，靠女兒學得慢，靠兒子是保證班。

不過，為文至此，還是給家裡的直男們平反一下，為娘的我，真的傷心欲絕、脾氣敗壞時，鋼鐵們偶爾也會出其不意地突然發熱，給我幾下抱緊處理，讓快要演化成高碳鋼線「獨立筒」的我搖搖晃晃（醉）、不知所措。

而老直男雖不見得能對我每天繽紛跳躍的所有話題順暢接招，但卻深諳務實的「餵食之道」，常常手捧我無法抵擋的各式小點、親自濾上高級咖啡，把我講不停的嘴堵好堵滿，讓嘰嘰喳喳的我也順利「句點」，不僅他耳根清靜，還讓他毫不心虛地榮登「老暖男」之列。

07 終有一天，我會活在兒子們的心裡

只要學會了感恩，
這門人生功課就算習得了學分、修成正果。

有關我從兒子們手中收到的母親節禮物，大約分為幾個時期。小學有美勞課，可謂「全盛時期」。如今，我用一句話便可總結：叩謝美勞老師大恩大德，要不是他們苦心指導，我想兒子們這輩子親筆畫的康乃馨與愛心之扣打可能無法全數用罄。

接著是兒子們從小男生轉變成男人的過渡期——青春期。當時，我尚未意識

到一個殘酷事實，那就是，身為母親，收到康乃馨及直直白白寫著「媽媽我愛你」並畫滿大小愛心的卡片之榮景，已成為歷史，那充滿儀式感之「正宗母親節」宣告結束。

老母我一時片刻無法適應，因為害怕母親節當天兩手空空，自覺空虛寂寞冷，更怕一滑臉書，眼見人人收禮會勾起羨慕嫉妒恨，於是，母親節前一週起便處心積慮、苦心鋪陳，三催四請＋左叮嚀右抱怨＋軟硬兼施＋三聲無奈演很大……，終於，母親節當天收到了青春小子們準時奉上的母親節禮物。

走雄性路線的怪奇母親節禮物

茲列出此時期某年收到的母親節禮物：有限量版本宮最愛的「Mdmmd娘娘駕到後宮清涼衛生棉」（顯然重心不在老母身上，不察老人家我已用不太上）；還有一只上面半刻著分不清是黑猩猩抑或是大老鷹的詭怪浮雕杯子；此外，我終於收到一個 size 能滿足媽媽虛榮心的八開大手作卡片，本想晒出來炫耀，不過，一打開，裡面寫滿了苦口婆心的勸世文。

此兒告誡媽媽我不要貪戀俗氣的鮮花素果，喔，不對，是鮮花卡片。再則說明他已非常努力學習，並懂得盡心規劃自己的前途，同時，比起過去，他已少頂了很多嘴，更想辦法打工賺錢，這已是最棒的禮物了，期許母親大人要更長進，停止頻頻催促他們送上世俗公認合格的母親節禮物等云云。

閱畢後，我愣了一下，傻眼了兩下，然後，在心裡默默說了三下：兒子，媽媽受教了，媽媽受教了哩，媽媽真是開眼界受教了哩。再然後，我伸出腳，對著牆，踢了四下。

才走出臥室，送娘娘駕到限量衛生棉的兒子自信破表地說：「是不是非常實用、非常有哏、非常有趣呢？」

送野獸派杯子的兒子則說：「超有創意的杯子，非常適合你！」（媽媽也是野獸派的意思是吧？）

原來，當兒子轉變成男人的過渡時期，他們選禮的標準是「給媽媽的驚嚇程度」以及「好不好笑」。自此，我開始意識到，住在男生宿舍裡，還需加把勁好好研修雄性思維與雄性行為學，方能無怨無懟度過餘生。

我更意識到，我需要迫切加送給本男人宿舍成員一堂扎實的女性心理學，因為，我開始擔心他們未來在愛情婚姻市場裡沒有競爭力。

實用至上的選禮標準

時序來到兒子們的大學時期，我明顯感覺他們青春之火山爆發力大幅削弱，風暴似有漸收尾聲之勢。我暗自竊喜，深以為老天終將還我一個公道，兒子們應會很有良心地切換到成熟、懂事，甚至甜蜜體貼的反應模式。

錯！根據和親朋好友多方比對的結論，我很不甘願地面對真相：按照正常演化歷程，所有典型的雄性生物，隨著年齡增長，唯有走向愈來愈徹底的無言無趣之實用主義雄性路線。

兒子上大學的某年母親節，我終於收到了與浪漫沾上一點邊的禮物——母親節蛋糕。小子說：「媽，你看，我買了母親節蛋糕。」我心頭一陣老鹿亂撞，以為這即將是我邁向傲嬌「女王」的起點。

身為女人，最愛蒐集美的事物，類如卡片、鮮花、高炫耀指數之甜點，這三者雖被男人視為毫無實用價值之俗物，卻是平凡女人感受到尊寵之具體證明。如果還能再收到一個什麼包或什麼鍊的，或外加一頓網美路線氣派大餐，那麼女人的身心靈會立即起一種神祕的生化作用，其效果甚至大於祭改或告解，所有大小恩怨化為烏有，舊恨新仇皆立即獲得大赦。

若果真如此，母親節這天必從媽媽笑得合不攏嘴一路變成父慈子孝兄友弟恭一家子其樂融融，正所謂媽媽樂就全家樂；家家媽媽樂那麼國泰民安風調雨順舉國歡騰不遠矣。結論就是，媽媽的情緒關乎國運，母親節起碼要有個浮誇系甜點來收服媽媽的心。

上了大學的兒子果然明顯有長進。母親節近中午時分，欣慰地接過兒子之一捧上的四四方方之蛋糕盒。我喜孜孜地想像著裡面該是多麼的圓潤精巧，鑲滿了朵朵漸層暖色系手工奶油花？還是三大層粉紅愛心型蛋糕上插著Q版媽咪立牌？

我激動地打開蛋糕盒，哇！好個表裡一致啊！五片平實無華切得規規矩矩、片片都包上透明塑膠膜，完全容不下一丁點花俏奶油彩妝的蛋糕，老老實實地映入眼簾。

「媽你看，還都幫你切好了呢，你就不用切了。我剛才經過咖啡店，就點了五片××派。」兒子自鳴得意。而我必須要理解，這種貼心，雖然走的是雄性實用路線，但其心意仍舊可愛得讓善良老母感恩不已。

其實只要一句「媽媽，母親節快樂」

再怎麼說，母親節這天，媽媽我起碼還是收到了甜點，在三聲無奈，哦，不，是三聲謝謝之後，我小心翼翼、迂迴又婉轉地補充道：「其實媽媽我要的不多，你們到菜市場買一、兩朵康乃馨，媽媽就很滿足了啊！」

兒子瞪大了眼不可置信貌，立刻回應：「買花幹什麼？兩天就謝了，蛋糕可以吃啊，這種蛋糕不貴而且很好吃，一人一片，大家都吃得到！」旁邊空著手蹭蛋糕吃卻毫不羞愧的另一兒附和：「就是說嘛，買花才浪費！」

我本來以為能以退為進，沒想到卻愈退愈後，尷尬笑著說：「其實你們也不用買什麼花啦，手寫一張信或卡片表達對媽媽的感謝，我真的就非常滿足了。」

母親節即將結束的深夜，我正要入睡，床頭果然出現一封感恩信。瞧了收件人那一欄，哇！真是要逼哭媽媽我啊——

For 全世界最棒的媽媽～

哇，終於，我也收到了走歌功頌德路線的母親節禮物。終於，兒子懂了一點女人心啊。

然而，這種甜死人不償命的句子，是不是該出現在綴滿粉紅愛心、飄著淡雅芳香的感恩卡上？最起碼，也該是在有著繞來彎去蕾絲花邊的創意信紙上吧？

不，我沒看錯，我正抖著手、感動泛淚時，卻瞄到此白色信封左上角印著「郵票正貼」紅框四方格、左下右上印著「填寫郵遞區號」五小方格，翻到背面，則是密密麻麻印滿細明體「全台郵遞區號一覽表」。

我，真的想哭了，既感動又崩潰地想哭了。

不過，打從某年母親節始，老實說，我懷念起幾年前那只讓我又哭又笑的素白標準信封。自從 LINE 貼圖大行其道，來自兒子們的母親節祝賀當然也已進（退）化成罐頭貼圖。

我抗議：「媽媽我可不想收到和別人送來一模一樣的貼圖。」

結果，隔年收到兒子之一親自輸入的「母親節快樂」五個字。我感動了吧？唉，老母我還是搬出同樣一句：「媽媽要的真的不多啦！能不能在前面加上『媽媽』二字、外加一個逗號，格式如：『媽媽，母親節快樂』。」如此，便勝卻人間無數。

感恩是兒子自己的人生功課

我傷心了嗎？哀怨了嗎？某天，一家大型公司邀請我導讀《面對父母老去的勇氣》，我突有頓悟，終於甘願放下百分之八十七的怨氣。

演講之前，一位高層主管先上台開場，但還沒開口已潸然淚下，台上台下尷尬緊繃氣氛凝結，好一會兒後他才吐出一句：「樹欲靜而風不止，子欲養而親不在……。」便勢不可當地哭場，演講主角我都不知該衝上場安慰還是乾脆把場子全讓給他。

這個花甲老男人就這樣還原成一個像犯了錯般惱恨又想討愛的小男孩，哭哭、啼啼、上氣、不接、下氣地說，前不久他才送走老母親，現在回憶起從小到大母親對他點點滴滴的愛、無微不至的呵護，才知道「有媽的孩子像個寶」。

直到老了才真正懂父母的愛何其偉大，因為，唯有父母能做到不求回報、無怨無悔、無條件、永無止境的付出啊。如今，他才驚覺對母親的虧欠太多，來不及報答，是他此生最大的遺憾。

眼前男士的形象慢慢重疊到我家三個兒子的青春正好，我猜，這天的演講該是老天爺特別為我安排的魔幻時刻吧！我懂了，何苦奢望現階段志在四方不在爹娘的少年郎現在就懂得媽媽的辛勞呢？何苦為難自己不符現實地期待他們現在就花大錢來表達感謝呢？

其實，兒子們能想到為媽媽準備蛋糕、動手寫一封內容真誠、包裝樸素的信，就代表他們已慢慢懂得把媽媽我放在心上了。他們送給我的禮物和他們對我的心一樣真摯無偽、直接、可愛而珍貴啊！至於審美概念，我想就留待他們所鍾情的好女孩來調教，比較有效。

寫到這兒，想起去年年底我生日，收到兒子之一送的鑲著精巧油花、一看就知道能博取各年齡層女人歡心的浪漫蛋糕，我興奮地拍了拍兒子的肩膀，喝道：「可以了，你可以了！」

兒子呆呆地問：「可以什麼？」

老母詳解：「經過我對此蛋糕造型的鑑定，你，有資格去追女生了。」

我插上蠟燭，邀全家一起唱生日快樂歌，正感動得想拍下來貼個炫耀文時，兒子竟大跨一步擋了下來，突然覺醒似地說：「媽你別拍了，這個蛋糕是長方形的，貼文不好看，等我以後買圓形的你再貼。」（原來審美觀念是有潛力的！）

老母我聽了很揪心，我知道兒子打工錢並不多，但已盡力為母親用心挑選能力所及的美美蛋糕了。這款兒子，從送「野獸派杯子」一路進化到「浪漫蛋糕」，管他什麼形狀，將來，我還怕沒指望嗎？我領會了兒子的一份真心意，真的快泛淚了。

說到底，學會感恩這件事，不是我的功課，而是兒子們的功課，他們早懂晚懂、早學會晚學會，只要學會了感恩，這門人生功課就算習得了學分、修成正果。

最起碼，總有一天，我應能像那位大主管的母親一樣，在天上含笑看著自己終於活在兒子們的心中（真的會有收不完的鮮花素果了，哈！）。男人再怎麼老，在媽媽眼裡永遠是長不大的男孩，六十花甲，為時不晚，屆時他們必定已成為雌激素大噴湧的老暖男了。

第二部

多麼痛的領悟，健康，才是我的全部

08 多麼痛的領悟：愛拚真的不會贏

人生最幸福，只有簡單四件事：
吃得下、睡得著、拉得了、笑得出來。

排舞課中場休息時，老師特別走過來跟我說：「菊仙，你進步很快，我都默默在觀察，你跳得非常好！」一旁的舊學員喊道：「老師，她根本不像新同學，早就是根舞棍了。」

能在人生下半場開發出舞蹈細胞，不只驚喜，更驚訝，還有無限感恩。因為舞蹈班裡沒人知道，兩年前的此刻，別說扭腰擺臀，我連走路都活像鬼魂在飄，腳不著地、魂不附體，隨時可能倒下。

為母則強，老天爺實在抬愛，竟賦予我三次改變體質的機會，連續生養三個，我強、再強、更強，菊仙一定強！確實，過去二十年，我在扮演此人類認定最偉大角色的歷程中，鮮明地感覺到天生矮小體弱的我，不斷突變，不斷進化。於焉，我心裡便進駐了一個長出三頭六臂的自我形象：女超人彭菊仙。

三隻小犬的吃喝拉撒，是三條牢不可破的犬繩，拴住了我的自由之身，但時時被需要、處處被依靠，小情小愛雖不足掛齒，卻濃烈又密集，也強效開發了我的潛能極限。

我耳聰目明、我手腳俐落，機敏度達此生最高峰；繁瑣的家務了無新意，但責任義務無可推諉。在七千多個重複做、日日行之後，我對自己的耐煩耐操度很有感。一只陀螺每天瞎轉不停，最終轉成了一隻任勞任怨的駱駝。

但駱駝總也會遇到天不時、地不利、人不和且手氣不順的衰小時刻。在這些低落的空檔，也會猛然自我懷疑：我，真格要將一生淹於此種種不足為外人道，也無從歌頌起的瑣碎小事嗎？世界之大、眾生芸芸，我真甘心束縛膨脹的三頭六臂於此十數秒便環遊完畢的小小斗室中嗎？

原來，我的內心一直有個催魂的魔音信條繚繞：當媽媽，也要當出個名堂！且用心、用力、用盡每一寸光陰。要活在當下，要把握今朝。

超載滿格的超人菊仙

我邊陪孩子做功課邊寫文章直抒胸臆，邊切菜邊聽演講以充實自己，邊看影片邊做運動不容自己變形；總之，邊讀書就要邊寫書，邊吸收教養新知更要邊讀文學作品打磨寫作文氣……。

我臣服於勞動、服務與實踐自我、提升自我的不斷接軌中，生活面貌是一幅又一幅縝密規劃、密密麻麻、不容絲毫間斷的超載滿格。

週間，我是用心負責的家庭主婦，更是不斷鞭策自己精進的創作者。週末，只要有演講邀約便馬不停蹄南征北討。我始終處在多工狀態，我自詡是了不起的多功能媽咪。我對得起生命的每分每秒。

我偏要證明：過著小日子的忙碌媽媽，內外兼修，不僅能獨善其身，更能兼善天下，笑傲親子江湖。

任何時間的空白、體力的閒置、感官的休息、腦力的停擺，都讓我不齒，讓我厭惡，更讓我恐慌。一個始終忙碌的媽媽，最終發展成不自覺「服膺忙碌」的狂熱分子！

我的演講愈接愈多，沒有經紀人的我，一個月平均有十幾場演講，同時，有五家出版社邀我出書、三家網課跟我簽約。每天打開信箱，我快意地把一個個邀約填入 Google 日曆中，爽快填到隔年、甚至後年。然而，我最得意的可不是這些，而是，儘管副業「寫作演講」一路起飛，但我可從未因此耽擱任一丁點我的主業：家庭主婦。

早上起來我灑掃庭除；孩子回家，我勤教嚴管又愛心滿滿，扮演好媽媽兼家庭教師；出門演講前預先做好四菜一湯，讓家人安心享用。每週必定空出一天回娘家綵衣娛親陪伴失智老媽。

看！這就是一路走來始終如一的彭菊仙。我堅持自己的最重要品牌：賢妻良母。我必須對得起小孩、先生、母親與手足，我不能辜負「好母親」、「好太太」、「好女兒」的頭銜，我必須擦亮自己的學歷，不浪費才智。

快意人生風雲變色

就在我認定自己將翻篇不斷時，老天爺居然出其不意出招了！二〇二〇年的某場演講之後，我人生的顛峰戛然而止，急轉直下。

那天，我在演講大約一個小時之後，突然感覺頭暈。二十多歲之前我因體弱曾有三次暈倒的經驗，我依稀記得暈倒前的種種徵狀：頭暈、心悸、恐慌，在還來不及說不舒服的某個瞬間，猝不及防就突然倒下。

這種恐怖的感覺三十多年來未曾造訪，但此刻，某種不祥之感突然上身。因此，在演講的後半場，我找機會在觀眾席間走來走去，找機會坐下，惴惴不安中，苦撐完全場。

原本以為回家多休息就會好轉，沒想到演講中的頭暈只是小小前菜。從此，暈眩狀況愈來愈嚴重，心臟更是忽快忽慢亂跳一通。有時，甚至清楚感覺到心臟瞬間漏拍，我擔心自己可能猝死。

心悸、頭暈、腦鳴如影隨形，還會不期然的飢餓、全身乏力，不管坐或站隨時感覺要昏厥；睡覺時心臟卻怦怦怦地大力搏動，好像要跳出身體，必須強力摀住胸口才能勉強入眠；快睡著時卻又會突然停拍，倏地驚醒，夜夜受此折磨。從此，我便無法好好睡覺，不僅日日失眠、淺眠，甚至常在惡夢中驚醒。因為睡眠品質奇差無比，隔天狀況更糟，如此惡性循環。

於是，我開始了「逛醫院之旅」。

心臟科初步檢查，心臟超音波正常、兩家醫院的運動心電圖都顯示有兩格缺氧，嚇壞了的我，於是趕緊進一步做「心肌血流灌注掃描」，結果正常。

我換了一家醫院，沒想到一進診間，心臟科醫生劈頭就把我罵個臭頭：「你憑什麼說是心臟病？你，既不喝酒也不抽菸不應酬，哪來條件得心臟病？胸口痛就是心臟有問題嗎？去去去，去掛身心科！」除了一陣羞辱，我沒得到任何幫助。

我只好再接再厲，繼續為我的心臟奮鬥，於是掛了別的心臟科醫生。超級名醫仍舊兩手一攤：「目前愛莫能助。如果不放心，只能建議你自費去做心臟640切斷層掃描。」

冒著高輻射的潛在危險，我進了一個非常恐怖的檢查隧道，在檢查之前還要吃藥，將心跳控制在每分鐘六十五次以下。檢查結果顯示，我的心臟居然零鈣化、主要的大血管也暢通。

因為每次胸痛都會伴隨強烈飢餓感、頭昏、四肢無力，且家族病史有很強的糖尿病基因，因此，我推測下一步應該要逛「新陳代謝科」。

醫生說，血糖雖不甚漂亮，但若說是糖尿病還言之過早，甲狀腺也正常，所以，醫生也是兩手一攤：「目前愛莫能助。」

要找出病因，只能費時費事地使用「刪去法」以排除各種可能。因為聽聞更年期會導致雌激素陡降，使各臟器失去調節功能，特別是對心血管的調節，因此，下一站我便至婦產科報到。

專門看更年期的醫生看了檢查報告卻瞪大眼睛反問我：「真奇怪，你都五十三歲了（當時的年齡），雌激素居然還很漂亮，來說說看，你都吃些什麼呢？」

他這麼問，我開心嗎？我驕傲嗎？不！我陷入無限惆悵，因為這表示能找到病因的一線希望又沒了。

接下來的旅程就是毫無章法的亂逛一通：耳平衡、頸動脈、腦部核磁共振、胃食道逆流等等檢查，Google 日曆上原本排得滿滿的工作行程，全數被就醫與檢查行程取代。為母則強？錯！生病之後的求生意志才是宇宙無敵強。

生病的人沒資格談尊嚴

為了穩穩掛到一位神經內科名醫的號，某天天還沒亮，我便來到某大教學醫院排隊，我死心塌地、痴痴地等，直到中午一點多終於見到名醫本尊。沒想到，此名醫頭也沒抬只冷回我一句：「想要治好你的病，只有一個辦法，那就是，請你換一顆腦袋。」一分鐘不到，名醫請我走人。

此後，我只好求助中醫和傳統療法，循線登門造訪親朋好友推薦的一家家針灸、整骨、推拿、刮痧、電療……，從有醫生看到沒醫生，從好醫生看到怪醫生，耗盡大好光陰、散盡家財，逛醫院成了日常，病因卻始終是個懸案。但高自尊、高敏感如我，在看遍名醫百態、怪醫嘴臉之後，竟磨出了厚臉皮，也懂了耍無賴。逛醫院、看名醫絕對要有的心理素質就是：被凶被罵受辱不驚，被訛被詐甘心上當。逆來順受，唾面自乾。

有個中醫看了我很長一段時間卻毫無起色，某天，他頭一歪，說：「怪了，已經把所有能補氣補心的藥都給你用上了，怎麼脈象還是這麼弱？」懂，我懂，意思也就是：「愛莫能助，你可以不用來了。」

另一個中醫兩眼直勾勾地逼視我：「你要不要換更好的現煎中藥，但費用比較高一點。」懂，我懂，意思是一直給他用健保，飽不了他的私囊。

有個無牌但江湖上傳說非常厲害的針灸大師每次都把我痛罵一頓：「跟你說不要吃雞肉，你還吃？兩隻腳的動物都被打了一堆抗生素！你不聽話就沒救！」「跟你說不要吃海鮮，你還吃？在水裡的動物都太冷！你不聽話就沒救！」「跟你說不要吃水果，太涼、太甜，你還給我吃？你不聽話就沒救！」

「那香蕉呢？」我傻傻地追問。

「就跟你說水果都不准碰，你還敢問香蕉？唉，我最討厭你們這種知識分子的病人，都不聽話，都沒救，我很想把你 ending 掉！」

結果，是我先 ending 了這個無牌名師，因為，我很可能還沒看好病，就先餓死了。

不肯放慢腳步，身體會忘記怎麼煞車

終於，我不得不走進身心精神科了，因為所有找不到病因的，醫生都會歸到一個很難解釋的玄奇因素：「自律神經失調。」

我這才知道，自律神經有「交感神經」和「副交感神經」。我因長期處在緊繃的戰鬥模式，負責踩油門的「交感神經」因而過度興奮，最終停不下來；而負責踩煞車的「副交感神經」已經習慣性失能，無法發揮平衡的功能。

自律神經掌控全身許多臟器的運作，重度自律神經失調的我，像是線路錯亂，不斷亂傳錯誤訊息給各個臟器，導致全身不對勁，卻始終找不出病灶。

醫生說，「更年期」是自律神經變得遲鈍的階段，此時期，交感神經、副交感神經難以切換自如，正是自律神經失調的好發期。

也就是說，以前的我，天天踩著油門，捨不得煞車，結果，如今的我不踩油門，它照樣自衝，而長久不使用煞車，它就生鏽失靈，最後當然自爆。這種突變，很容易發生在更年期。

案情真的如此單純嗎？好吧，這一大段逛醫院之旅實在太慘烈痛苦、工程實在浩大，我甘願就此定調。

多麼痛的領悟，健康，才是我的全部。

愛拚就會贏？不！愛拚，真的不會贏。

感謝病老前的防空演習

某天，我在等待看中醫時，和一位約莫六、七十歲的婦人聊起天，兩人互相取暖，叫苦連天。她一聽我才五十幾，便鐵口直斷說：「唉呀，你這些毛病就是更年期啦！更年期有不舒服，我覺得很好欸，這樣，你才會知道健康很重要，就會開始好好保養。不像我，更年期還壯得像頭牛，每天從早做到晚，看看我現在一身病，脊椎受傷、髖骨痛、膝蓋差，連走路都難，就是因為更年期了還不知道要保養身體。」

啊，原本怨天尤人的我，此刻，誠心誠意謝天又謝地，原本怪罪臭皮囊毀了輝煌人生的我，由衷感恩它快狠準的霹靂警報，否則，在毀掉事業之前，可能先毀了性命。臭皮囊啊臭皮囊，默默承受我大半輩子的折磨，卻還是慈悲地給我補救的機會。

回想起來，這幾年身體一直找機會點化我，只是我憨慢駑鈍，收不到它用心良苦的訊號。比如，前幾年，我因為常常莫名其妙流鼻血卻置之不理，最後才檢查出鼻腔深處長了鼻腔血管瘤，連續兩年動手術；某個半夜，因老媽半夜住進加護病房我徹夜未眠，才回到家就被自己紅色的尿液驚嚇，原來憋尿憋到尿道感染；還有一次拔牙後，牙齦始料未及的大腫痛，快速發炎，一直腫脹到下巴脖子，痛到太陽穴腦門，連牙醫都嚇壞了。

那幾年，我只知道鼻痛醫鼻、牙痛醫牙，只要病症一解除，我又開始猛力戰鬥，並且誤把自己當成少年郎般湖吃海喝，繼續殘忍掏空式生活。其實身體早已處在長期發炎的狀態，免疫功能江河日下，新陳代謝也怠速，我卻毫無留意。

我謝謝我的臭皮囊始終不離不棄，下了「最善意的重手」，給我逼真的病老前防空演習，終把我點醒：人生，是福也是禍，是禍也是福。

長達三年多的人生黑暗期，我領悟到人生最幸福，只有簡單四件事，就是：吃得下、睡得著、拉得了、笑得出來。

真的很簡單嗎？我邊跳舞邊想，一點也不簡單。跳舞簡單多了！

09 小紅一走，小婦人終成大腹人

小紅走了，也不是什麼都不留，而且留下的還很多——肥滋滋的肉。

前文提到，從二〇二〇年六月始，我的人生突然像是跌入黑暗谷底，無端的心悸、腦鳴、心律不整、頭暈、疲倦、失眠、昏厥感、瀕死感……，自此，我便展開一連串逛醫院的苦難日子，但不論心臟科、新陳代謝科、耳鼻喉科、神經內科，乃至婦科，都難以判定病因。

而我，始終覺得心臟大有問題，看過幾家大醫院的心臟科之後仍無所適從。

某天，我痛下決心，起個大清早，去以心臟科聞名的振興醫院排名醫。然而，我深知此舉並非一定要找出心臟的問題，畢竟我已看過幾家大醫院，都找不出心臟有具體的病徵。

我乃是期盼能從全台心臟權威醫院的權威醫生口中親自聽到一句話，那就是：「你其實沒啥毛病，不過就是更年期。」

那天，名醫到底有沒有對我說這句話呢？當名醫看到我的雲端病例，便劈頭責怪我濫用健保資源，我羞愧地低下頭。然後，猛然間，我又抬頭，可憐巴巴地演起苦旦戲：「唉，我也是逼不得已啊，一不舒服起來實在太痛苦……醫生，我這樣兩年多了，真的很折磨……@#$%^&*^%$#@」

我拿出厚厚一疊逛醫院累積的戰果（被病痛折磨的雄厚證據），讓醫生從不屑地頻皺眉頭，轉而從眼神裡流露一絲對熟齡女性受罪於「荷爾蒙大混亂」的同情：「我看你……嗯，嗯，可能是和更年期有關吧！」

哇！終於等到名醫這句證詞，證明我所有毛病和心臟器質性病變沒有絲毫關聯，而全是因為「更年期」作怪。心中一塊大石落了地，然後，我瀟灑地對所有病痛、瀕死感、昏厥感一笑置之：嗯嗯嗯……那些，不過是荷爾蒙自導自演的「自我詐騙術」罷了！

關於小紅這個老朋友

為了得到反證，我居然非常認真地在 Google 日曆上記下每一次來經的日期，不是為了記錄「大姨媽」規律來報到，而是由衷盼望大姨媽給我大亂特亂，這樣，方能為我「已邁入更年期」而造成不適，立下最有力的明證。

從不舒服開始，我的大姨媽的確就開始亂了一點，但有鑑於婚後我的大姨媽始終太守規矩，充其量也只敢小小放肆，有時二十五天，有時三十五天，跟我本人一樣，從小到大是個不折不扣的乖寶寶，連亂都亂得很有分寸，野不太起來，正負誤差值實在太乖巧地落在合理範圍之內。

親朋好友、好姊妹，連同中醫西醫按摩師推拿師美容美髮師……所有得知我不舒服的人士，都用羨慕又驚為「奇人」的語氣跟我說：「哇！你這樣真的很好哇，都五十四歲了，還有小紅，這樣老得比較慢，無怪，無怪，你看起來不顯老。」

他們都以為我聽了會「暗爽」？錯！錯！錯！聽在耳裡，特別是出自中西醫推拿針灸師傅之口，就特別令我害怕。因為，這似乎是直接宣判，我的症狀和更年期毫無關聯，而是心臟真的有病，或是其他更駭人的器質性病變。

終於，有那麼一、兩次，大姨媽四十天才來，還有一次，一個月來訪了兩次，這下才真格「暗爽」起來！是了！是了！是了！人家說開始亂經，就是更年期開始。

我居然向自己狂賀起來。因為是更年期，就會有更年期症頭嘛。什麼心悸、頭暈、疲倦乏力……所有不舒服統統推給一個很簡單的原因：更年期。此刻，心裡不是暗爽，而是鬆了一大口氣而大笑起來（不就跟你說你沒病嗎？）。

隔天，我跟老公說：「喂！到今天，那個再不來，就已經四十二天了喔！」老公聽不懂我的意思，他當然不懂我內心怪異的雀躍。我像個檢察官一般，推算著「元凶」出沒的日期，仔細反覆蒐證。心裡合理推論：如果大姨媽再一次四十多天才來，那麼證據就更確鑿了。

女性讀者朋友們，你們約莫知道大姨媽快要來的感覺吧？大姨媽已經不來的朋友也還有這等記憶吧？就是小腹有一陣悶悶脹脹的感覺，益發明顯時，「小紅」就有幾絲現蹤了；過個一、兩天，小紅姑娘就氾濫成「大紅姑娘」了。

希望她來，還是不來？

而就在為此文時，我的肚子居然就出現了一點點那樣的悶悶脹脹感，似有山雨欲來之勢，這，突然令我毛骨戰慄起來。不！已經四十二天沒來了，醫生明明說我的毛病都是更年期造成的啊。

我極力否認那種小小悶悶脹脹的感覺，就先推給喝太多「酪梨牛奶」這個罪魁禍首。是，就是喝太多酪梨牛奶，而且是冰的。

朋友都指著我罵：「你還真的有病，五十四、五歲了還有小紅光顧，你要謝天謝地謝爸謝媽，平白給你一個特異緩老體質，等你真的停了，你看看會有多想她，到時候老得特快，才知道什麼叫怕！」

關於小紅，女人從少女就一直和她糾纏難解，每個月都受她之汙、受她之罪，尤其我的「經前症候群」屬驚天動地泣鬼神那款，國中高中硬是每月都要躺保健室，躺到不痛也都已愛上每月可以藉故偷懶的那幾天了。只有三次懷胎時小紅暫時避不見面，然而，挺個大肚子可真沒有更舒服。

如今，我希望小紅這個角色要有點江湖企圖心，變成亂入亂出者，變成神出鬼沒者，我期望她瘋狂野蠻亂起來，最好別像我這般乖巧「守婦道」，亂經，就狠狠地亂，明顯地亂，亂到我能明確知道她未久將與我罷別。

小紅若是徹底消失，我，會是怎樣的心情？

「小紅不來，小白也跟著退場喔！」過來人嚴正警告。

「小白是誰？」

「膠原蛋白啊！」

哇，原來小紅小白是一夥的，從來不是「紅白對抗」啊！未來只能走向這一途嗎？皮鬆肉垮頭髮白、視茫茫而髮蒼蒼……小紅，你走你的路，可不可以把小白留下？

小紅一走，小白、骨密全跟著走

「豈止小白跟著走？」資深「非老婦」懷著好意神祕一笑：「『骨密』先生也會走！」

「啥玩意兒？」我驚問。

「哎呀，就是『骨質密度』會快速下降，不久，你就不再像之前身子骨那麼硬朗，駝背、變矮、容易跌倒、骨折，整個老態龍鍾。」

原來，女性進入更年期後，因雌激素減少，骨「本」急遽減少，骨質每年可流失百分之二至三，五十歲以上女性每十人就有一人有骨質疏鬆，比例高於男性，實在太不公平了。

還好，雌激素不是唯一的救星，我們既然是「壯世代」、「非老婦」，就一定要開始把「好好訓練肌肉」納入每日最重要的行程之一，比如，健行、爬山、打網球、跳舞等「負重型」運動，都能有效改變骨骼內部的生成構造，保持骨骼強韌。因此，我每天一定運動至少一小時。

另外，健康醫學界建議每天都要攝取一千兩百毫克的鈣，及六百國際單位的維生素D，多晒太陽，那麼，即便留不住無情的小紅，至少「勤」能補「骨」，「骨密」先生就捨不得那麼快走。

小紅走了，也不是什麼都不留，而且留下的還很多——肥滋滋的肉。女性在五十歲之後，平均每年長胖〇．七公斤！小紅，你真的心機很重。

而且，雌激素減少之後，代表女性的乳房、臀部再也不需要為了孕育下一代而持盈保泰，那些非常嫵媚動人的脂肪也開始棄保，跑票到最惱人的地方：腹部及內臟。曾經的「小婦人」終於勢不可當地壯大成「大腹人」。

這不是運動就能力挽狂瀾的，只能少吃，少碰甜食及過多澱粉，要改變油膩的烹調方式。最好晚上六、七點後不再進食。

做不到忌口，又不運動？那麼，心臟真的就會出現器質性病變了。少了雌激素的調節，女性在更年期之後，死於心血管疾病的風險，以每五歲翻一倍的速度陡升。

小紅一走，滋滋潤潤的歲月不再，硬硬朗朗的骨頭不再。如果立定志向，自制自律、自立自強，那麼，我們的身體小宇宙雖然終有崩塌之日，但也會以溫和不刺激的配方，讓我們舒服承受，甚至心悅誠服。

10 後半人生人氣必殺技：快手搶掛名醫

掛到名醫需要的快狠準必殺技，難度絕不輸給搶演唱會門票，一起切之！磋之！琢之！磨之！

五十來歲我才體會「秒殺」的感覺，但不是去搶四五六年級偶像巨星、懷念民歌演唱會門票，而是，上網掛名醫的診。

同樣症狀，不同醫生卻有不同的解讀。那個醫生說我恐怕是懷孕（聽到時不僅暈，更是飄起來），這家醫院說應該和更年期脫不了干係，另外一位則建議去動心導管手術。哇！我這個病人能不慌嗎？到底哪個醫生說得準？

於是，我不得不上網 Google 百大名醫。費了大把勁，總算查到稱得上能掛保證的好醫生了，故興沖沖速速上網掛號。點開名醫的掛號區，不論哪天，呈現的訊息都一樣，應該是複製貼上吧：

預約已滿診

預約已滿診

預約已滿診

預約已滿診……

看來完全沒有任何機會面見名醫。那病入膏肓的人不就注定等死嗎？我不死心打電話詢問。電話那一端也是匆匆忙忙如複製貼上的語音：每天保留十個新的名額，請早上六點半準時上網掛號。

接下來就是——嘟——毫無討論空間的電話掛斷聲。真格是爐火純青的「當機立斷」啊！

我終於體會到一句話：有了健康，可以有無窮願望；沒了健康，願望只剩下一個。現下，我只剩下掛到名醫診的小小大志向。

隔天，我乖乖清晨6：25就點開掛號網頁守株待兔：

6：27——填好姓名身分證字號基本資料

6：29——填妥安全認證號碼

等數字從6：29轉變成6：30的那一刻，立即點「完成」。

我真是太英明了，神機妙算啊！因為如果太早點入，頁面還無法進入有效運作；若是過程拖太久，可能會顯示離線太久必須重新登入。我這樣精準的算計絕對萬無一失。心中燃起一股熊熊之得意感。

待頁面一點開，怎麼可能！機關算盡，頁面跳出來居然還是——已滿診，請改掛其他日期或其他醫生。

這比秒殺還狂！我就這樣連續數日鍥而不捨，終於，誠打動天，終於掛到號！這喪心病狂的掛號系統百密終有一疏，我如願以償，也同時彌補了年過半百的一個遺憾——終於，體驗到上網搶票的快感。

晉見名醫，備好點心當成半日遊

在還沒見到名醫的這一刻，我已在腦海裡感應到大大的「希望」二字，當下胸悶症狀已疏通百分之五十。我知道看名醫絕對需要具備：耐心地等，以及，再耐心地等，外加，非常耐心地等。

因此，出門前便特地準備了點心，以免身體虛弱的我等到心臟無力，還沒見到名醫就先送急診。帶了一顆水煮蛋、一小袋洗好的小番茄，以及半顆雜糧堅果小麥饅頭，準備以「半日遊」的興奮心情來晉見名醫。

奇怪的是，抵達醫院後，卻遍尋不著此名醫的診間，只好回到大門口服務台詢問。

「你掛這個醫生的診喔，今天下午有病人臨時要動手術，所以先由另外一個醫生代診，請你去找×××醫生的診間。」無怪，無怪，所以才掛得到號啊！到底，還要不要留下來呢？看到診間門口亮出來的數字完全沒有跳動，也沒看到病人進出，我挺納悶。

三點四十分時，終於，護理師出來喊道：「要拿長期藥的可以直接進來，×××（名醫）正在幫病人動手術，五點多才會回來，如果堅持一定要給他看，建議大家先去吃點東西。」

此時，數字燈號依然沒有跳動，除了幾位病人進去拿長期藥之外，所有病人都不動如山。沒有人大驚小怪，沒有人唉聲嘆息，更沒有怨聲載道的客訴。最愛抗議的台灣人民在此候診間皆有志一同，心甘情願、死心塌地、不離不棄。守著名醫守著你，守著名醫就是守著自己的生命。

不少人跟我一樣，默默拿出事先準備的點心吃將起來，呈現的完全是一個校外教學中場休息的悠閒溫馨歡樂畫面。我先把一小包小番茄吃畢，再吞下半顆堅果饅頭，最後拿出水煮蛋。

就在敲破它的那一刻——一團透明液體外加一坨黃澄澄黏稠物順著椅腳噴流出來。天啊！這是什麼？出了什麼狀況？

當我抬頭瞄到旁坐一位老太太「這人八成是瘋子」的睥睨眼神時，我才驚覺，我出門時拿錯了蛋。（老太太的眼神大約是說：大嬸小妹，您應該先掛個身心科才對吧？）（多謝我還不夠有名，現場沒有任何認識我的親朋好友與讀者。）

自更年期腦袋便明顯運轉怠速的我開始不順暢地倒帶回想……家裡冰箱上排是煮好的蛋，下排是生雞蛋嗎？是嗎？是吧！啊啊啊啊啊！我居然拿錯了。這，真的不能怪我，更年期後這種腦袋糊塗造成的陰錯陽差已是日常。

我當場上演了一場給名醫「丟生雞蛋」的荒謬劇！說時遲、那時快，一陣赫赫旋風從左走道竄出來。緊接著，所有人抬頭隨著那陣旋風望去。哇，名醫回來了，那炯炯的氣勢，那病人企盼的眼神，我當下也忘了自己闖的禍，一起開心加入「迎神」的陣容。

等門碰一聲，才回過神來面對自己闖下的大禍。真心謝謝名醫挑對時間回診，幫我轉移焦點。也顧不著別人怎麼想我這個瘋子了。拿出衛生紙、濕紙巾，來來回回仔細擦拭椅子、地板好多遍，終於把現場還原成正常狀態，我也變回「正常」的病人。

旁邊看得最清楚的婦人瞪了我一眼，我只能厚顏裝沒事。我就是病人啊，沒生病來這幹嘛呢？

生病還有時間唉唉叫也算是奢侈

輪到我看病時，已是晚上八點二十分，我的點心真的帶不夠，不是因為少吃了一個水煮蛋，而是，真的太誇張的晚了，都準備吃宵夜了！在候診間打破生雞蛋也不稀奇，因為從「午診」等成「夜診」可更稀怪。

當我坐下來面對名醫時，我打從心裡一陣深深的心疼冒湧。他的眼袋很深重，他的臉色鐵青呈缺氧狀，說起話還有點喘，甚至末梢的手指微微顫抖，見到他桌上連一杯水也沒有時，差點開口請護理師幫他倒杯水。

不過他回答我事先寫下的一題又一題病症疑問時，臉上只有疲累，沒有任何脾氣，沒有絲毫不耐，沒有任何想打發我走的一點點線索，我甚至能在他字斟句酌的遣辭用句間，感受到偉大名醫的細膩愛心。

離開診間已超過八點半，我終於知道為什麼名醫是名醫，而為什麼病人從午診等到夜診也毫無怨尤。就是要等著你回來啊！

看到名醫微微顫抖的手抓著滑鼠打下病歷時，我覺得胸悶又好了百分之五十。畢竟，比起名醫，我過得可能比較像人過的日子。人家看起來還長我好幾歲，幫病人動完手術立即回來看診，活得多麼有價值！我則是一整天當廢柴連打破雞蛋都有藉口。

如果你跟我一樣，是個土包，前半生從沒跟上潮流體驗秒殺的快感、練就搶票的技能，那麼，五十歲開始，接好你的人生全新體驗包。掛到名醫需要的快狠準必殺技，難度絕不輸給搶演唱會門票，一起切之！磋之！琢之！磨之！

半百人類老化路上難得的凶狠勁兒與生存本能，只有名醫逼得出；任誰一生豐功傲骨，見著名醫就乖乖趴下，等之，奉之，唯之，諾之，倚老賣老的臭老症頭，只有名醫治得了。你說，人生半百生一場病，有沒有好處？至少千辛萬苦想辦法找名醫、掛名醫，能讓人頭腦清楚、手腳敏捷、戰鬥力十足，更學會謙卑，看到名醫不像人的生活品質，才知道當一介還有時間生病唉唉叫的草民真是奢侈的人生。

11 丟掉偶包，愛上真正的自己

瀟灑拋下無謂包袱，擁抱老天爺給我們的「人設」，和自己所有的先天條件甚至後天塑造握手言和。

為了達成我新收的乾兒子——小米手環「日行一萬步」的殷殷期盼，如今我總是找各種機會走路，甚至創造各種機會走路，比如提前兩站下車、故意繞遠路、捨鐵馬，甚至邊追劇邊補進度。

只要能餵養小米手環，讓它的面板上多跳個幾十步，我就能深深感受到我和小米手環「母子倆」專屬的「小確幸」與「大成就」。

因此，如今不論去什麼場合，我多半穿著平底球鞋，並且穿得隨意舒適，以便能隨時隨地應召、締造「業績」。

過去，我因自知身材矮小，潛意識裡總自覺不夠稱頭、氣場不夠強大，舉凡出席必須端出架式的場合，如廣播、電視或網路節目、面見有頭有臉的人物時，我絕對刻意踩著高跟鞋，即便只墊高了聊聊數公分，但心理上，我便能生出有如膨風河豚般的自信。

網路上一直流竄著（其實是自己沒事 Google）幾張我美美的沙龍照，都是出版社為宣傳而刻意安排拍攝的。每次邀約單位下載使用時，我都怪不好意思的，彷彿看到一隻原本嬌小的傘蜥，刻意張開大大的頸傘，裝凶、裝大隻，以威懾（欺世）四方（盜名）。

然而，傘蜥張開頸傘的那一刻，必定非常堅信自己變成了一頭巨獸，因為那是造物主的設計。但本尊我卻非常羞於見到那幾張虛張聲勢的照片。我非但不感虛榮，還非常心虛，深怕此「高挑 model＋女強人＋高大上CEO」之完美人設被人識破，涉嫌廣告不實。

因此，在我成為親子作家這十數年來，我絕對沒有不踩高跟鞋出席工作場合的勇氣（更別說以素顏挑戰各類講場）。

沒有瑕疵品，只有獨一無二的自己

一場病痛讓我不斷尋覓自救之道，偶然間欣聞「小腿是人的第二顆心臟」此新奇之養生鐵律，方知一輩子不能停工的心臟不是單打獨鬥，它有個最佳拍檔——小腿，其肌肉就像是有力的「幫浦」，能把流到身體遠端的血液大推一把，使其再充滿動能流回心臟。肌肉愈強，推力愈大。

因此，鍛鍊小腿肌肉，就是幫助不眠不休服務全身的心臟分憂解勞，讓類如「偏鄉」的「身體末梢」也時刻滿盈行動流量。救心臟就是這麼簡單，無須花錢、不必吃藥，天天樂當「走路工」就好。

只要走上萬步，一陣久違的舒朗感便從腳底的「湧泉穴」冒湧，順著督脈一路上衝，直抵頭頂的「百會穴」，衝散如瀰漫 PM2.5 的團團腦霧。頃刻間，我眉舒目展，神清氣又爽。

只是走路，大量的走路，就把我的小聰明甚或大智慧都呼喚回來，頭殼裡的小宇宙又見美麗新世界，重回明快的運行節奏，大腦真如久違的大地春回啊！經過病痛之人，才深知血氧濃度維持九十八、九十九於不墜，可甚過黃金萬兩、股市萬八。

我摸著厥功甚偉的第二心臟——逐漸粗壯卻喪失女人美感的腿肚終不悔，它們是如此肌腱緊實，如此條條分明，這，才是貨真價實惹人憐愛的可愛心頭肉啊。何以解憂？唯有每天採收兩截大蘿蔔！乖！你們好乖。

小矮子我終於心甘情願摘下「高大上」的假面，將高跟鞋束諸高閣。近來，不少合作單位乍見我時都不約而同發出驚嘆：「哇！彭老師，原來你、你、你、你……很小一隻欸。」

我這「小隻彭」颯爽秒吐：「對，我本來就很矮啊，我很小隻，從小就小隻到大。」

五十而知天命，我都五十好幾了，勇敢面對、欣然接受「天命我小隻」（語譯：老天爺給我的人設就是個小矮子）！我也不想再虐待我年邁支撐不了肥肉的脆弱雙腳了，對腿骨脊椎快速退化的五、六旬婦人而言，再美的高跟鞋，穿超過兩小時，都等同刑具。小隻彭，怎麼矮著長大，就怎麼矮著老去吧！

矮著，也結了婚；矮著，也孵出三個孩子；矮著，也把孩子養得比我高了；矮著，也生了好幾本書。況且，每個老人家因為骨質疏鬆勢必都要縮水，走到人生盡頭，高矮胖瘦都只有一個動作：兩腿一伸、化作塵煙。

五十而知天命，就是能瀟灑拋下無謂包袱，擁抱老天爺給的「人設」，和自己所有先天條件甚至後天塑造握手言和。

我們成為父母之後，都得學一樣功課：無條件的愛孩子，不論他們高矮胖瘦美醜、聰慧或平庸、有沒有成就，我們都要愛孩子本來的樣貌。但是，我們對自己呢？

喔，我們內心那個「北鼻」必鳴鼓申冤：大半輩子以來，對他（她）最殘酷嚴苛的角色，正是我們自己。我們是自己最刁鑽的老闆，也是自己最難伺候的奧客。

五十而知天命，大白話就是：五十歲，終於領悟這世上沒有瑕疵品，只有獨一無二的自己，學著丟掉偶包吧！無論高矮胖瘦美醜、聰慧或平庸，我們要學著無條件接受並擁抱原原本本的自己。

接受老，是循序漸進的過程

然而，我發現自己並沒有想像中來得豁達。原來，接受自己是個「小矮子」，只是丟掉偶包的一小道前菜。每當攬鏡自照，我無法直視原本發亮的青絲已變花髮，我遺憾那飽滿的蘋果肌擋不住崩塌之勢；不用摘下遮掩些許皺紋的眼鏡，眼袋垂線也一目了然；臉部放鬆時，法令紋就像鐵鉤一樣，把嘴角硬往下扯。

我才知道，接受自己「矮」一點也不困難，因為知道此乃老天一手決定，沒讓我聯想起自己的「老」。但以上的種種變化，時刻提醒著我：膠原蛋白不復得、年華老去不復返。

雖然我從未嘗試過「進廠保養」，用科技力介入我外貌地形之「水土保持」

工作，但每每睡前卻多了個「厚工」（kāu-kang）的儀式，為了對抗地心引力的戕害，得往臉上抹好幾層，然後左右半臉、從下往上各拍打「五十小板」，方能安心入眠。出門前也不敢不抹個幾層，方覺有「臉」見人。然而，無情殘酷的事實是，皺紋故顏依舊在，保養只為保心安。

我連穿著也甘心「退化」，總是歡欣鼓舞地把韓風潮T或短衫、韻律褲、少女風休閒外套包在我的老皮鬆肉上，再配雙人人必跟風的白色高底球鞋，便以為已經百分之百把自己操作成少女了。

其實，人人一眼就能看穿我的「裝可愛」，根本欲「蓋」彌彰。這讓我想起網路上年輕鄉民的敏銳觀察與指教：「聽說會貼表情符號的都是老人家。」沒錯，我臉書的每一篇文，的確動不動就貼個擠出眼淚的笑臉貼圖，也是欲「貼」彌彰。

我想我那些少女休閒服差不多就是我個人「裝小」的表情符號罷了（這邊應該有個尷尬笑貼圖）。不只如此，我內心應該誤以為那些衣服，就是我的外皮、我的不老鮮肉（又一個尷尬笑貼圖）。就先這樣吧，我決定讓它們暫時尷尬的存在，我決定真實無偽展現心裡的不甘，以及還不願全然接受自己「老去」。

接受老，本來就是循序漸進的過程，且是滿艱難的過程。我們這等年紀，凡事都不該勉強，就連「服老」的速度也不該勉強。想想，當少男長出鬍渣、當少女感受到隆起的胸波及第一次遇見「小紅」，即便都是成長中令人喜悅的里程碑，但少男少女也難免出現適應障礙，何況是人生後半面對衰老呢？誰能瞬間頓悟「服老」這件事？何況還要硬逼自己「擁抱」衰老！

我坦承，如今我還不能接受自己頭髮花白，我覺得我先生也還不大能接受，我在乎「他的在乎」，因此，多情應笑我，不停染髮！從半年染一次，到四個月染一次，如今已撐不到兩個月。相信不久的將來，我會務實地、更在乎我的荷包吧。那時候，就是高唱「白髮吟」的成熟時機了。

其實，現在我愈看銀髮造型熟女，愈覺得協調、有自信、有韻味風采，有時還會忍不住 Google 各種銀髮美女的造型，推敲著，如果有一天我也進入「青銀」不共戴「頂」、頭毛化為百分之百一整片銀色原野風光時，我適合哪一款銀髮風情？

看來，我終將必須且應能夠學會無條件愛著逐漸老去的自己。不論年輕或衰老，我們永遠是我們自己，唯有學會無條件的接受「任何狀態的自己」，在人生歸途中，在千山我獨行時，才能愉悅享受「自己陪伴最可愛的自己」之人生終章。

12 五十歲後我出去一下

放下一切、心無罣礙、不管老小地回歸自己一人的狀態，

這個決定，於自己、於孩子和先生的生命，都突然多了個填空題。

相信不少媽媽到了孩子青春期、自己也剛巧來到更年期時，都突然生出無力的厭世感。

火山青少年動不動頂嘴、時不時劍拔弩張、處處都暗藏引爆親子衝突的地雷，看看這一路是多麼用心用情地付出，回首養育之路的辛酸血淚，直覺一切真不值啊。如果此時另一半還不好好挺你，連起碼的傾聽與溝通都懶，真的只想甩

開一切。

我在《家有青少年之爸媽的33個修練》中自曝，曾一個人跑到花蓮五天想靜靜心，結果不才媽媽我真的很沒用，原本是想瀟脫地好好一人放鬆，結果一連四個晚上都失眠。因為，一向習慣全家行動或黏著老公出遊的我才發現，居然不敢一個人睡覺（膽小，怕鬼）。

不過，除了睡不好之外，能夠放下一切、心無罣礙、不管老小地回歸自己一人的狀態，真的不是只得到瀟灑爽快而已，而是，這個決定，於自己、於孩子和先生的生命，都突然多了一個填空題。

我在這個空格裡終於安靜下來，盡情地往內心覺察與自我對話；孩子面臨這個空格，才可能有機會看到自己向來的予取予求、感受到自己的責任、並珍惜媽媽的付出；於隊友（老公）呢，才可能突然發覺自己向來給老婆太多懶得填上的空格，且不只一格。

我記得從花蓮回來時，隊友才經歷五天對付三個難纏青少年及一家子繁雜瑣事，第一句話就跟我說：「下次可不可以把我一起帶走？」老公小子從此乖巧了好一陣子。（效期可能有限，需要經常服用。）

我承認我挺膽小懦弱，這裡要跟大家分享一位我的勇敢好同學的故事。

放下媽媽、太太、媳婦角色做自己

林玉花，我的大學同學，五十歲半百那年，她不出走則已，要做就轟轟烈烈。她一個人展開絕妙而精采、三十多天徒步完成七百九十九公里的朝聖之旅，也就是著名的聖雅各之路（Camino de Santiago），據聞這是世界上最美的步道，也被稱作朝聖之路。

「為什麼想做這件事？」我問。

玉花的答案，跟我，以及多數大半輩子全心為家奔忙、幾乎忘了自己是誰的中年媽媽一致，就是：疲憊已極，累了，對生活失去熱情。

「想要做好母親、好妻子、好媳婦的鎖鍊，把自己層層捆住，我需要暫停一下，喘口氣，去找找自己，想想自己。」玉花說。

「那時剛好看到一部德國電影『我出去一下』，第一次知道『聖雅各朝聖之路』，我就想，Why not?不正是送給自己最好的五十歲生日禮物嗎？於是跟先生小孩商量後，積極準備，三個月後就走在朝聖路上了。」

「我出去一下」的主題就是聖雅各朝聖之路，是指從法國南部小鎮穿越庇里牛斯山，到達西班牙的聖地牙哥市天主教大教堂，千年來人們相信聖徒雅各的遺骸就埋藏在教堂裡。

電影改編自主角親身朝聖後寫成的暢銷書，呈現整個旅程的美麗、神聖及帶給旅人獨特而神祕的啟發。主角哈沛是個知名喜劇演員，他是工作狂，生活緊張忙碌，但是他不愛運動，也不保養身體，長期的緊繃狀態，終於讓他吃不消，後來因心肌梗塞而送急診，最後居然切除了膽囊。

他這才發現身體過度耗損，於是，決定放自己半年假。低調跟好友們說了句「我出去一下」，便踏上朝聖之旅。

「電影裡的風光好吸引人，每個角色在大山大景裡探索、療癒了自己，打動當時非常低潮的我。」

那時，玉花的女兒高二，兒子國一，兩個孩子都處在青春期。原本乖巧柔順又用功的女兒，大把時間都花在課外活動，甚至擔任資優班專題研究成果發表會的總召，每天忙得不可開交，功課大受影響，這讓玉花感到非常焦慮，母女常為此爭吵，關係緊張。

婆家也處於多事之秋，原本在職場相當傑出的玉花，養成凡事面面俱到的個性，因此，對於婆家的難解習題，身為媳婦的她覺得不該視若無睹，也想為忙碌的先生分擔責任，主動介入幫忙卻是吃力不討好，只能眼睜睜看著問題愈陷愈深，真的很挫折。

她很想改變先生面對問題卻放任不管的心態，也想跟先生好好溝通自己內心的壓力與感受，但先生的消極回應總是讓她很受傷。

二十年職場生涯，十年家庭主婦，每天從早到晚都在為生活與家人奔忙，盡心盡力，但每個人卻都視她的付出為理所當然，沒有珍惜與感謝。玉花感到茫然，也懷疑起自己的付出是否值得，人生似乎走到了一個十字路口，不知道接下來的方向。

「我記得高中畢業三十年辦了『三十重聚』，多年不見的老同學聊起青春往事，才想起來自己高中時多麼有活力啊！除了讀書，還參加很多校內外活動，過得相當精采。我本是充滿熱忱、笑聲不斷的人，怎麼把自己給忘記了！」玉花說起了朝聖前一年的高中同學會帶給她的衝擊。

拋夫棄子四十天

「可是，你是一個習慣對家、對孩子照顧備至、事事都要顧全的媽媽，怎麼放得下心？我連出去五天都擔心我家男子宿舍變成垃圾大山了，你出去四十多天欸！」我好奇地問。

「當然有跟先生小孩溝通過，也預先做了一些安排：家事主要是洗衣服、三餐及倒垃圾。兒子女兒都改搭校車。每週請打掃阿姨來家裡一次。不過，先生臨時必須去歐洲，親戚都住外縣市，緊急請朋友就近幫忙。比較麻煩的是兒子家庭聯絡本沒人簽名，也只好讓他拿我的印章蓋。」

「那你出去這四十多天（連同後來到巴黎自助旅行），真的沒有擔心過孩子和老公嗎？」我問。

玉花非常明快爽朗地回答：「哈哈，還真的沒擔心過。一方面是已經離家半個地球，擔心也沒用，一方面是事先都盡力安排了。我也沒有特別想念孩子和先生，有時連電話都忘記打回家。

反而是先生小孩比較擔心我，他們從一開始就告訴我：『走不下去就趕快回來喔！』

我也很努力把自己照顧好，讓他們放心，也避免半途而廢的意外情況。

當先生孩子不再是我生活的重心，我只要顧好自己，好像回到單身狀態，生理心理都覺得輕鬆多了。

事實上我也沒有空反省什麼拋夫棄子的內疚感，每天要規劃隔天的行程，要走多少公里、要在哪個村落歇腳、找住的、找吃的；看不完的好山好水、走不完的爛泥水坑；要對抗風吹雨打日晒冰雹，要探索新奇的宗教和異國文化，更要認識來自全球各地的朝聖路友，每天都覺得大開眼界，好新鮮好充實。」

朝聖路上面對自己的心結

「『我出去一下』裡面，每個角色似乎都有著自己的心結、都想要從旅途中獲得啟發。真的有感應到什麼嗎？」我問。

「其實，會來走朝聖之路的人，除了宗教信仰者之外，多少是心裡有些結吧。相遇的朝聖客，最常問對方的問題就是：『你為什麼來？』

我遇到一個韓國年輕人，他說拚命用功讀書，卻沒考上夢寐以求的公職，非常難過，沒辦法接受這個挫折，所以，就拋開一切來走朝聖之路。

還有在德國攻讀博士多年的日本人，面臨寫不出畢業論文的瓶頸，也想在朝聖路上思考何去何從。

另有一位丈夫病逝的美國媽媽早就夢想來朝聖，好不容易等到女兒讀大學，而且貼心地主動陪她來圓夢，可是女兒男友也一起來，小倆口沿路時好時吵，跟媽媽也會起摩擦。有時媽媽邊走邊跟我吐苦水，有時換成女兒跟我訴說煩惱。

朝聖路上，大家萍水相逢，有些人走著走著再三巧遇，談得來的就結伴而行，互陪一段；有些人即使相談甚歡，分道揚鑣後卻再也不見蹤影。

大家都是過客罷了，反而能讓人毫無顧慮地吐吐苦水、大倒心裡的垃圾，這就是交淺言深吧。在陌生的土地上、和陌生的人，大膽地把自己的心裡垃圾清一清，很舒坦！」

身體超累，心反而澄澈

至於路途中到底有沒有得到神祕的力量？玉花說的確有些不可思議的奇蹟：「我和路上常碰頭的一些朋友聊，發現每個人在某些時刻，會突然對困住自己的問題豁然開朗，我自己也是。

出發前，我帶著自己的問題，比如對先生累積了很多怨懟、對青春期孩子的無力感，更重要的是回頭檢視過去五十年、想想如何面對未知的下半輩子。

人生在世，都扮演著多重角色，每天睜眼，哪一個角色要先上場？哪一個角色要用什麼台詞動作？哪一個角色要用什麼情緒？別人給你出問題，你要怎麼回應？你的心受傷了，你要怎麼療傷止痛？

某天，我獨自走著，這些問號一個一個冒出來，然後，『寬恕』兩個字立即出現了。彷彿有誰在跟我對話，用這兩個字回應了我的問題。當下，我全身上下都緊繃起來，因為這不是我自己說的，也不是我的慣用語，我馬上反問：為什麼要寬恕？我能做到寬恕嗎？

雖然沒有再出現任何回答，可是我得到了一個從沒想過的『寬恕』這個選項，這給我的問題提供了一個出口，糾纏多時的壓力瞬間宣洩，讓我如釋重負。

原來，面對先生的不體貼、面對他人的傷害，乃至面對無法達成自己的預期，答案就是如此簡單而明確。

解決問題的關鍵就在我自己，不管要扮演什麼角色，先做好原來的自己就好。外在的一切如夢幻泡影，只是用來讓你認清自己的媒介與過程，只有你自己才是真實的。

或許長時間獨處，不斷行走的過程，很自然就把心回歸到自己身上，我深刻感受到，把身體操練到最疲累的顛峰時，心靈會達到一種前所未有的空靈狀態。

這時，我感覺腦袋澄澈，能夠通透自己最內在的想法，在朝聖路上遇到多位獨行的朋友，也都有一些難以解釋的神奇經驗。有人用神諭或奇蹟來稱呼，但這種頓悟之感，也可能是最深刻的自我覺察與自我對話的結果。」

走完朝聖之路，天下已無難事

「旅途中，每天都得克服一個個未知和恐懼，挑戰自己的體能極限。有一天已經走了八小時、三十幾公里，照理說應該非常疲累，但安頓好住處後，竟然還能走去附近參觀高第設計的城堡，上下樓梯健步如飛！我嚇到了，忍不住看著雙腳，懷疑這是我的腿嗎？怎麼好像練成了輕功一樣。

或許是因為已經走了二十天了，肌耐力已經練出來，但是這個神奇的經驗讓我知道，原來自己潛力無窮！我居然能獨自走完八百公里，天底下再沒什麼事能難倒我了。」

「所以，你覺得有遇見神嗎？」

「應該算是有吧！我沒有信教，可是真的感受到一股奇妙的力量一路相伴，我無法解釋，只能名之為『神』。」

玉花說，有天她遇到兩位德國人，聊起他們家鄉的電影「我出去一下」裡一幕蝴蝶翩翩的神祕情節，抱怨怎麼一路都沒看到半隻。

沒想到腳程快的德國人一離開她的視線，落單的她隨即看到眼前飄來移去的不就是蝴蝶嗎？而且愈來愈多，隨著她前進的方向振翅紛飛，好像在為她前導引路。她好驚喜，簡直要激動落淚。

還有幾次，她回憶：「獨自在堆滿亂石的山溝渠裡爬上爬下，盤算山洪沖下來時該游蛙式還是仰式；或是在古木參天的森林裡懷疑就要遇到巫婆時；或迎面飄來的茫茫濃霧將我團團圍住時，心裡默默發出求救訊號後，竟然都峰迴路轉，出現『天使』——不知從哪冒出來的朝聖路友，給了我需要的資訊或勇氣，讓我繼續向前。

『一個人走得快，一群人走得遠』，隊友的力量，有時超乎想像，不論這隊友是人是神還是千年來走過的前輩，都讓我不孤單，一天比一天更加感覺到自己的強大，愈走愈有信心，覺得凡事都可迎刃而解。」

轉變、和解，與放手

當然，我最關心的，還是一個多月不在家，玉花的先生和孩子是什麼感受，有沒有產生什麼微妙變化呢？

「我回到家，發現老公孩子也有成長。這段時間，他們什麼都要自己張羅，也沒人關心生活起居，這才有機會去感受我的辛苦。兒子就說，已經吃膩便利商店的早餐，搭校車要好早起床。

我也轉變很多，回來後跟女兒道歉，告訴她之前媽媽心情低落，又擔心她的未來，情緒不是很好，可能說話態度讓她難以消受，希望她能原諒。沒想到女兒回答她態度也不好，知道媽媽是為她好，不怪我。本來僵持的母女關係居然就和解了，變得更珍惜彼此，關係更緊密。」

除了找回自信、讓家人有感、珍惜並和解，玉花也在旅程中得到一個很清楚的答案，那就是出發前把她搞得烏煙瘴氣的婆家難題，她必須「放手」。

既然她解不開別人的結，就不要再攬在身上，不要扛著什麼好媳婦的枷鎖了，放過自己吧！於是，她不再過問婆家事，一切都請先生去處理。

這個改變，也讓先生重新擔負起人子的責任，檢視原生家庭父母手足間的問題。看到先生的轉變，她很高興：「如果不能先改變自己，我還能期望改變誰呢！」

儘管做為全職媽媽很辛苦，也有很多委屈感，但玉花覺得一趟朝聖之旅，就是一趟深度的思考之旅：「我想清楚了，即便我在職場也有一片天，但離開職場、回到家裡，純粹是因為覺得孩子更重要，想專心一意陪伴他們長大，這是我自己的選擇，也很感謝有他們陪伴我。自問『五十年來最大的成就是什麼？』想來想去，除了一雙寶貝兒女，還真找不到其他更好的答案。」

媽媽顧好自己，一切才會好

玉花說：「回到家，真的有一種充飽了電的感覺，找回原本的自我。這種心情非常美好，以此心態來看待孩子，也期望看到孩子能清楚自己要什麼，好好做自己。

只有一個小小遺憾，就是錯過女兒一手策劃的資優班專題研究成果發表會。不過，即使我不在身邊，女兒也把事情處理得很完美，沒耽誤課業，考上了台大。可見，我之前的焦慮都是多餘的，我因此更信任她。

孩子不可能一個月就有所成長，但我想通了，覺悟是需要時間的，急不來。就像陷入婆家問題、和先生陷入僵局時，我也不能立即徹悟，孩子也是這樣，每個人的人生功課不同，我就『盡人事聽天命』。

比如，女兒睡眠很差，幫她準備了健康食品，但她連碰都沒碰。我盡到責任提點，其他不必執著，以免苦了自己，也煩了別人。

這趟旅程讓我知道，把自己顧好，一切才會好。正所謂『有快樂的媽媽，才有快樂的家庭』。」

聽完玉花的故事，再對照自己出走五天、只移動到花蓮，真的覺得我給自己的「填空題」太小格了。

「可是，玉花，我覺得我不可能有能耐、有體力，獨自走個三十多天，那是高難度啊！」

「我在路上看到不少七、八十歲的老太太，我們算什麼？媽媽們從來不該小看自己，我們都潛力無窮。其實，我已經規劃要再走其他的朝聖路線，沒想到上次大出走可能真的讓兒子震撼到了，他竟然說，可不可以等他上大學？他不喜歡回到家只有自己一個人。可見我不在，孩子真的超有感啊！

但是，我必須說，我們大半輩子都不是在做自己，都在為別人活，然後，對自己想做的事情，都失去了動機、失去了膽量。媽媽們，孩子長大了，真的放膽懷抱夢想吧，我們都不年輕了，想做什麼，就勇敢去做吧。不管是不是走朝聖之路，只要做了，就會發現自己的勇氣和能耐都在，母親的強大永遠存在、潛力無止境。」

13 婆婆教會我的事：晚年走好命始於六十而耳背

老人家真聾假聾、真瞎假瞎，背後都是深奧且動人的哲理。

我的婆婆已經做仙幾年了，但是她一直到九十幾歲都還自己洗澡，每天使用洗衣機之前，一定蹲坐在板凳上，彎著佝僂的身軀，把貼身內褲、內衣、襪子，以及襯衫衣領、衣袖仔細搓洗過，才放心把所有衣物放進洗衣機大鍋洗。

婆婆最開心的事，便是進廚房做菜，每端出一道菜，都像第一次實驗成功，自嗨地跟大家報告：「你看，真媠（tsin suí）喔！」即便像是倒帶人生一般重複煎著同樣熟度的同款魚、放在同樣古樸的舊盤子，她都像首次公開嘔心瀝血之作般自豪。

我一直以為，這個始終甘於「有事，弟子不要給我服其勞」的老人家永遠不會老，直到某年過年，才驚覺她居然也有連鍋鏟都拿不動的一天。

心隨境轉，日日是好日

我的婆婆直到過世前兩、三個月，才卸下「有事，自己服其勞」的獨立楷模形象。即便生命最後的兩、三個月必須臥床，她老人家頭腦卻一點也不糊塗，親戚舊故，擔憂歡喜，恩怨軼事，放得下放不下的，仍舊大嗓門地呱啦呱啦、如數家珍。

打從認識我老公、她老人家還不是我婆婆時，她就是個大嗓門，且跟她聊天對話幾乎不需要回答。起先還以為是她對我的破爛台語沒有期待、好心裝傻跳過，後來發現她對任何人都是自顧自地唱獨角戲，方知手腳靈活、手藝超群、頭腦靈光、當時才七十歲的婆婆，已嚴重耳背，且隨著年歲愈形惡化。

如果要回應她的話，都必須走到她跟前，把嘴湊到她耳旁，再用手掌半遮掉雜音。她則費力地集中注意力側耳傾聽，如此還不見得收得到正確訊息。

即便高音頻如我，也得如是做，而且最好「簡答」回應。比如：是或不是、好或不好、可以不可以、或人時地物等簡單幾個字，再加上誇張手勢，她老人家也還一知半解。久而久之，大家都習以為常，有時連湊到她跟前也疏懶。

婆婆多半煮完飯，就坐在角落像看戲一般欣賞兒孫吃飯，然後不時自言自語，看大家吃得滿嘴油光，她還會嗨到痴痴傻笑。更有時，我會聽到她一個人在臥室大聲跟自己說話，比如，一大清早就跟自己報告今天要準備的菜色和行程。

大概因為只有自己聽得到、聽得懂自己要說什麼，婆婆很早就養成並享受著「自己演講、自己鼓掌、自得其樂」的生活模式。

婆婆持續「高」談但不能「闊」論，這真是我這個直腸子、互動回饋需求量不低的O型射手座難以參透的。何以一個人能忍受歲歲年年無法一來一往延伸話題之煩瀏？

研究指出，「聽力」會影響老人的心理健康，有聽力障礙的老人有更強烈的孤獨感，且可能引發憂鬱症。但我怎麼看我的婆婆，只要她能發出聲音兼能揮動鍋鏟，便日日是好日。

雪上加霜的是，婆婆八十幾歲的某一天，連眼睛都出了毛病，因為染了很嚴重的病毒，竟然要動刀。不料開完刀之後，她說看電視都只有人影晃動，沒有鼻子眼睛沒有嘴。我問她那要看什麼，她說至少有看到人影晃來晃去讓她猜猜到底在幹嘛也有趣。

裝聾作啞背後的哲理

有一天，我終於忍不住問她，原本耳朵聽不清楚，現在連眼睛都看不清楚，會不會覺得人生很無趣？她居然反過來開導我：「老人家嘛，最好都要欠一、兩樣啊！耳朵不好或是眼睛不好，這樣才好。如果我什麼都好，樣樣都好，子孫就會不好。兒孫不好，我才不快樂哩！」

鄰居一個年屆九旬、慈眉善目的老婆婆，有事沒事我也跟她聊幾句。她的媳婦來自中國，背景不同、習慣不同、想法大異其趣，但顯然婆媳相處融洽。

她沒有耳背、眼睛也雪亮，不過她跟我說：「我什麼事都看得很清楚，我也不糊塗，連報紙的字都看得很清楚。但年輕人的事，我都裝聾作啞，看得見的也要看不見、不想聽的就不要聽見。裝傻、裝糊塗，日子才過得好哇！」

我這才明白，老人家真聾假聾、真瞎假瞎，背後都是深奧且動人的哲理。真的耳背，是為了把福氣添給兒孫，身體的苦楚哪比得上心裡的平安喜悅？假的耳背，是裝糊塗，別擾了年輕人的自由自在，老人家才能真自在。

孔老夫子說，六十而耳順。容我改一下：晚年走好命，始於六十而耳背、而視茫！

第三部

拿出陪伴孩子的無條件之愛，好好愛自己

14 養生，就是把自己活成一頭簡單而快樂的豬

讓身體放鬆如乾透的木頭一般輕靈放鬆；
讓心神凝止、靜如平鏡，繁瑣之事過眼而不留，不再耗損能量。

附近菜場魚鋪是一對老夫婦，除了老先生中聽之外，兩人動作相當俐落，特別是賣魚婦，每隔一陣就燙髮，穿著俏麗時髦，紋著不粗不細的眉，做生意時永遠塗著整齊的口紅，看起來總是精心 setto（siat-tooh）過。她忙進忙出，兩頰暈紅，看起來精神抖擻。

她特別會做生意，尾數零頭永遠不收，有時還自動減價一、兩百，然後說魚

貨太重，都叫我擱著，請她先生送到我家。每次一打開來看，不是多送了好幾條魚卵，就是多了幾顆新鮮魚丸，或一、兩條小魚。

有天滑手機時，赫然發現ＩＧ冒出了魚販老婦遊山玩水的豔照，才發現她不只做生意靈活、打扮時髦，連年輕人的玩意兒也沒落後。一查才看到，她臉書也玩很凶哩。

你是怎麼保養的？

我自律神經失調嚴重發作的某一天，頭重腳輕、全身無力，老態龍鍾地走到魚販處，看她又是一身新裝，且還是款鑲了蕾絲花邊、低胸性感的彩色洋裝，春風滿面、韻致猶存，我便忍不住問：「你都幾點起床啊？」

「我從基隆來這裡，四點就要起床了。」

「那麼早，那你每天都很早就要睡覺了吧？」

「十二點才睡，太早也睡不著，年紀大了啦。」

「什麼？你才睡四個多小時？這樣夠嗎？」

「夠啊，躺下去三秒就睡著了。」

「你幾歲了，精神可以這麼好啊？」

「你猜猜看！」魚販老婦神祕又得意地呵呵笑，不待我猜，她迫不及待直接用手比了八：「快八十了啦。」

「什麼？我才不信！還是你都很重視養生，怎麼身體那麼好？」比起眼前八旬老嫗，我這弱雞真是自慚形穢。

沒想到她中氣十足地答道：「養什麼生，我大魚大肉照吃不誤，每天晚上還要幫兒子女兒孫子孫女煮一大桌子菜，他們統統都要回來吃晚餐，我一定得煮啊！」

「怎麼可能！不用控制飲食，也沒破病，一天只睡四小時，還從透早忙到天暝？沒吃藥？蕭薔也沒你厲害啦！」

「有啦，我只有吃一種藥，睡前要吃半顆安眠藥，吃了三十年，每天都睡得很沉，不用多睡。」

有天回診看中醫，我跟醫生抱怨：「你一直怪我晚睡，睡不飽，又說我沒控制飲食，你看，我家市場那個賣魚的，做到幾項？什麼養生之道，她根本沒在怕，八十幾歲比我五十幾還勇，老天真是不公平！」

中醫師抬頭看著我，緩緩道來：「她才不需要像你這樣對身心精打細算哩，因為她再怎麼勞動也沒你消耗的能量多。」

我一臉茫然。

「想想看你來我這兒看病前發生了什麼事？你，用腦過多、思慮過多、煩惱愈堆愈多。如果你跟她一樣，每天勞動，動完就吃，吃完就睡，你也不需要來我這兒囉。」

「身體最怕七種情，喜、怒、憂、思、悲、恐、驚，你好好想想，你病發前，發生了什麼事？這七種情，你犯了幾項？你家那個賣魚的老婦，天天大魚大肉照吃不誤，但是她思慮一定很簡單，沒給心裡負擔，沒給臟器負能量，她的確是比你高明，也比很多人高明。」

中醫師一語道破我的「盲腸」。

七種傷害身心的劇烈情緒

我思忖著，二〇二〇年六月，我的身體突然像瀕死一般，全天渾身無力、睡著睡著便覺心臟跳不太動，感覺隨時要停拍。半夜常常從惡夢中驚醒，夢境千奇百怪，最怪的是，都停在「無法呼吸」這個相同的結局。比如，突然有人從背後掐我脖子而無法呼吸、一隻小狗突然撲上來讓我無法呼吸、勁歌熱舞到筋疲力竭而無法呼吸、和武士決鬥因用力過猛而無法呼吸……，我既驚訝又佩服，怎麼連做夢都不忘創作啊？但自此之後，入眠時都戒慎恐懼，深怕有一天會在睡夢中猝死，甚至連遺書都已擬好。

淺眠多夢睡不飽的一覺醒來，不僅沒充飽電，一起床更犯頭暈，常常走著走著就覺得快要不支倒地。那段日子，真的就是——白天不懂夜的黑，夜晚不知晝的暈，失魂落魄，生不如死，有時真想乾脆去死。有一天居然看到自己的 Google 紀錄留下了「瑞士安樂死要花多少錢」，猛然一驚醒，已把魂都嚇飛。

淺眠、多夢、心律不整、暈眩、疲勞、注意力無法集中……，全因為用腦過度、思慮過度、情緒緊繃？我開始抽絲剝繭自我分析：

當年五月底才結束了一本寫來倍覺燒腦的書，這當然讓我「思」過度。

三隻青春小子如活火山一般輪番轟炸，我三天兩頭怎可能不「怒」過度？

當時家有兩隻準備升學大考，成績總是零零落落、前途堪憂，為媽的口裡說著沒關係，潛意識絕對誠實反應到身體：「憂」過度、「驚」過度。

再加上老媽失智進入大衰退期，幾年來我始終極難擺脫「恐」過度、「悲」過度。

而這幾年演講邀約不斷，有不花力氣準備的舊題目，有太抬舉我的五花八門全新題目，我照單全收。且演講對象有家長、老師、公務員進修，甚至是學校主任校長，他們常常舉起大拇指說彭老師我準備得真用心、場場精采，我一定是驕矜過「喜」了！

七種傷害身心的劇烈情緒同時把我給淹沒，中醫師說：「這，致命啊！賣魚的不見得基因比你好，聽起來當然也沒比你會保養，但她就少了這些亂七八糟烏煙瘴氣的鳥情緒，所以，她就是活得比你好。」

我才知道，這些年來，我心神過度消耗，情緒都在滿檔，即使不敢亂吃、也不敢不動，但是，七種情緒加起來就是劇毒、就是七把利劍。

中醫名言，我們熟年都要熟記：「怒傷肝、喜傷心、思傷脾、悲憂傷肺、恐驚傷腎。」看看這幾年，我是何等殘忍，手握著好幾把利劍往自己的五臟六腑猛戳猛砍？

中醫的精髓是：「血為氣之母，氣為血之帥」，可見氣血順，則身體健。然而「怒則氣上、喜則氣緩、悲則氣消、思則氣結、恐則氣下、驚則氣亂」，氣整個亂成一團，血脈也就荒腔走板不會順暢。

生了一場病，我才知道，養身也好、養生也罷，最重要的是要先「養心」。

想了也沒用，那就別想了

三年前跟姊姊一起遊花蓮，途中順道跟著姊姊採訪一位一百零二歲還在執業的理髮師蔡三貴。從剪髮、修鬢髮、剃髮根、用毛撣子拍除髮屑，每一個細節，蔡老先生都仔細而俐落，當時我看得煞是驚訝，迫不及待聽他傳授獨家養生之道。

結果，他也是瀟灑撂下：「什麼保不保養？我累了就去睡，睡飽了才起床，餓了就吃，想找朋友就去找。如果說保養，大概只有一個吧，我喜歡吃魚。」然後，他就句點了。

任憑我怎麼問，他都歪著腦袋想不出自己有什麼養生妙招：「啊就是沒有保養，別再問我了啦！」人瑞兩手一攤再大手一揮。

姊姊對他的身世好奇，才知道他十幾歲在福建家鄉就學會了理髮絕活，但有一天走在路上竟被抓去當兵，從此離鄉背井，再也沒回到家鄉，和爸媽家人永隔。

「那時候那麼小，不會傷心、不會想家嗎？」姊姊問。

「會啊。但是，從此之後，我知道了一件事，就是，再煩再惱也沒有我突然被抓走回不了家來得痛苦。但這件事，我想了想、煩了煩，也沒有用，我就是回不了老家，所以後來碰到再大的事，我都覺得：煩也沒用。」

姊姊接著問：「你後來到台灣沒有苦過嗎？」

「苦啊，早年就是一個小伙子，人生地不熟，吃盡了苦頭。但是，煩的時候就會想，我怎麼想也沒用，所以，乾脆統統都不要想，就去睡覺，睡醒了就吃飯、就工作。反正只有一句話，想了也沒用，就不要想。」

回想起來，那一趟訪問，蔡三貴老先生口口聲聲一直強調自己沒有養生之道，但其實他的養生之道就是他翻來覆去的一句話：「想了也沒用，就不要想。」

生病之後，我常翻閱老莊哲學，研究莊子甚篤的蔡璧名教授，在她每本著作裡都一再強調：「形如槁木、心如死灰。」這句話可不是了無生趣毫無希望的消極人生觀，而是作如下解釋：人生最重要之事就是養護身心，而養護身心第一步，就是「少思」，要讓身體放鬆如乾透的木頭一般輕靈放鬆；要讓心神凝止、靜如平鏡，繁瑣之事過眼而不留，不再耗損能量。

以「靜坐」為主題的暢銷作家王蘊老師也一再強調：「心無罣礙，可怨處而無怨，可嗔處而無嗔，可申處而無申，可喜處而無喜，可驚處而無驚。」熟年的我們，身體要健康，不管是健康食品、中藥西醫、運動飲食，其實病過一場就知道這些全在其次，養生的第一步且是最重要的一步，就是：別想太多。

因為，想不通、想也沒用，那就別想了唄。熟年的我，現在很期待有人指著我罵：「頭腦簡單、四肢發達」，因為能修到這等境界實在非常人也，活到某把年紀，心神已如臉上之皺紋，愈來愈多愈來愈亂。熟年能好吃好睡，已非易事，養生，就是：把自己活成一頭簡單而快樂的豬。

15 把自己變不見，才可能變成一頭簡單而快樂的豬

把「自己」變不見，讓自己在當下與物事合而為一；只要「自我」不見了，便沒有受苦的主體。

前篇文章，我下了結論：養生，就是活成一頭簡單而快樂的豬。若把這句話當成一個程式來跑，應該是非常好跑的初級程式：輸入「簡單」，再輸入「快樂」，然後把「自己」代換成一隻頭腦簡單四肢發達的「豬」。

但是，是人，就很難簡單，就會有很多圈圈叉叉的念頭和情緒，這就是人類

成為高等生物必須付出的代價。要怪，就怪亞當和夏娃為什麼要偷吃禁果，從此人類複雜的思緒神（經質）展開。而且這世上還有五分之一的人是屬於庸人自擾型的「高敏感個性」，心裡除圈圈叉叉之外，還有數不盡的驚嘆號，更有棘手的各種問號。

日本科普作家鈴木祐在《無，生命的最佳狀態》中提到，哺乳類動物和人類一樣，面對負面事件，大腦相同區域都會產生活化現象，也就是說，動物也是會痛苦的。只是，牠們的負面情緒只維持短暫的時間，沒多久，就會回到頭腦簡單四肢發達的初始化設定。不只是豬，動物幾乎都不會累積情緒，過去種種，真的譬如昨日死，活像天天猛灌孟婆湯，天天重生。

但人類就是不行。即便在牆上用滴滴鮮血刻下驚世警句，或是給師父刻骨銘心的當頭棒喝過，只要一時不察，便會不自覺陷入痛苦的無限迴圈，人類就是相當善於自我折磨。

《無，生命的最佳狀態》一書引用了芥川龍之介散文集《侏儒的話》裡這段話：「鳥只活在當下，但人類卻還得活在過去和未來。知道三世（過去、現在、未來）痛苦的，只有我們人類。」人就是忍不住懊悔過去、擔憂未來，又難以完全融入當下。

小孩子是「把自己變不見」的高手

但還是有人類例外，那就是兒童。我家有個畫畫控兒子，記得從他三歲會拿筆開始，只要一有空，就伏在小桌子上畫個不停。他四歲時某天，窗外烏雲密布、風雨交加，便湊到窗口呆望了好一會兒工夫。接著，小子興奮地一蹦一跳回到桌邊，立即全神貫注展開大作。

一個幼兒怎麼畫狂風暴雨？他們可不只用手畫，他們是用全身感官來畫畫。老實說，當年我壓根不覺得小子在畫畫，而是在紙上玩起颳大風下大雨的虛擬實境遊戲。

他力道十足地在紙上甩出點點暴雨，同時激動地模擬各種雷電交加的音效：「乓！乓！碰！乓！乓！碰！」時不時還全身晃動，發出狂風橫掃的怒吼聲：

「咻～咻～咻～～～」畫到風驟雨急時甚至激動得跳起來，跟著自己「製造」的暴風雨一起失控。

如今小子已經成年，但是當年他用全副生命、全部感官畫畫的那一幕，我永遠忘不了，因為那個當下，我覺得他已經不是我兒子，根本就是風神雨神雷神的合體。

我還常想起另一個兒子小時候「忘我」的一幕。當時他中年級，和班上兩位同學組隊參加說故事比賽，得了第一名，所以主任邀請他們到學校重新裝潢好的圖書館表演。

為了讓他們熟悉環境，一大早圖書館空無一人時，老師就先開了門讓他們在表演場地排練。

重新開幕的圖書館，極具設計感，全境鋪著潔淨高雅的木質地板，座椅設計成高高低低的可愛樹狀型，天花板則是柔和的流線型，中間還有一個很潮的閱讀吧台，搭配一座座時尚的高腳椅。

最特別的是，透明落地窗外有一個延伸到戶外花園的閱讀木台，讓孩子們能在大自然裡隨蟲鳴鳥囀展頁閱讀，有點露天咖啡屋的概念。

天啊！這根本不是學校，已經是特色民宿了。三個小男孩大概以為踏進了童話城堡裡，竟像快樂的豬隻一般，渾然忘我地在木質地板上打起滾來。

我吃驚地看著眼前不大不小的孩子，他們根本忘記是來練習說故事的，更忘了旁邊驚呆了的指導老師。三人都倒退如幼兒，旁若無人，手舞足蹈，躺在地板上滾過來又滾過去。

我差點衝口開罵，但羨慕的複雜情緒突然湧出。這世上，誰還能一開心就笑？誰能快樂起來就手舞足蹈？誰能像這些純真的孩子，一感覺自在就躺地上滾得眉開眼笑，滾得莫名其妙？

孩子在這個暖亮色調烘托的童話氛圍中，整個大鬆開，脫卸了禁錮在整齊課桌椅裡的矜持，跳出一個個毫不設防的真正孩子。

我問：「小朋友，你們為什麼要在地板上滾來滾去？」

孩子咧開嘴，只有一句：「超級舒服的啊！」

重新規劃的圖書館好不好？三個孩子不就直接用行動來說明了嗎？他們滾得

愈放浪形骸，就代表圖書館愈舒服討喜。老實說，當下連媽媽我都有股衝動想加入打滾胡鬧行列。

不管是第一個例子——小子化為風神雨神雷神，或是第二個例子——在嶄新的圖書館裡渾然忘我地打滾，都讓我領悟到同一件事，原來，這就是「活成一頭簡單而快樂的豬」的最佳示範：把「自己」變不見，讓自己在當下與物事合而為一；只要「自我」不見了，便沒有受苦的主體。

找出無我的密技

人真的能把自己變不見嗎？不妨問問瘋狂追劇的朋友。為什麼追到停不下來？因為整個人已經跑進別人高潮迭起的故事裡、追到把自己搞丟了。

要把自己代換成一頭簡單而快樂的豬，就是在每個當下和眼前物事融為一體，界線感消失。

但總不能從早到晚追劇吧？是的，有很多方法，都可以把自己變不見，達到

「無我」的境界。最被廣泛建議的方式就是靜坐冥想，靜心放空，慢慢數息，關注每一個呼與吸，覺察腦海裡飄進飄出的每一個念頭。

不過，也有人愈靜坐愈把自己放大。《無，生命的最佳狀態》一書中提到，有研究顯示，不少持續練習靜心的人，不但自我沒有消失，反而自我意識愈來愈強，這是因為靜心提高了專注力，弄巧成拙，注意力反而全都跑到「自我」，愈靜心愈忘不了自己。

行走坐臥都是禪，如果靜坐不到五分鐘就像一條蟲扭來動去，愈坐愈不安靜，愈坐愈感不耐，那我真心奉勸不一定要用這招折磨自己。家庭主婦我發現了一個簡單有效且完全不需要練習的「丟掉自己」的方法。

我們家住了二、三十年，幾乎每個抽屜櫃子都塞爆了各種有用沒用、可能有用、完全沒用卻所費不貲或捨不得丟的物品、衣褲、工具、紀念品……，除非搬家或重新裝潢，否則，此「負荷過度」的受虐房子很難回到清爽面貌。

自從下定決心斷捨離，我便設定了一個容易達成的小目標：一週至少清理家裡的一格櫃子或抽屜。起初，只是為了整頓被我們長期糟蹋的可憐房子，沒想到竟發現，只要投入整理工作，我便能有效率地切換到「無我」模式。

因為專注地思考著什麼該丟、什麼該留，又專注思考著怎麼擺放才能讓物品整齊易取，心神便完全融在每一個當下的念頭及搬運物品的肢體動覺上。且整理告一段落，看到家裡清爽的版圖又擴大一些，心裡各種如塵垢的負面情緒便不可思議地自動清零。

因此，何必墨守「一週整理一個櫃子或抽屜」之成規呢？只要心煩意亂，我就走向家裡一格亂糟糟的櫃子或抽屜，馬上便能遁入「無我」之化境。如果一格的修行效力不太夠，那就再增一格，繼續深層清理，直到忘了我是誰。

佛法修行中，還真有一種「出坡作務」，也就是透過勞務工作來修行，項目多元，包括灑掃、挑菜、除草、掛燈、油漆……不少高僧都從中受益得道成佛，比如六祖惠能大師因為舂米而舂出佛性，法遠禪師在汝州葉縣廣教院為飯頭僧，都經歷了種種勞務而悟道。

若高僧挑水擔柴處處皆是禪，那主婦我若能比照辦理，每天逃不掉的灑掃庭除、柴米油鹽，早就能清理菊仙好幾個強大之「我執」！

縮小自己，進入「全景效應」

倘若從事作務愈多，愈陷入自怨自艾，自我不但消除不了，反而益發覺得命苦，那麼，就別強求消除強大執著的自我。退而求其次，我發覺，只要能「把自我縮小」，就已進入「化為簡單而快樂的一頭豬」的變形過程。

研究發現，大多數太空人返回地球後，都完全變了一個人。他們因為有機會置身浩瀚無垠的宇宙之中，因而比其他人更真實理解到自己的渺小。

蘇軾當年貶為黃州團練副使，抑鬱寡歡，來到赤壁之地，光是看到滾滾長江流不盡，便已大嘆己身不過「寄蜉蝣於天地，渺蒼海之一粟，哀吾生之須臾，羨長江之無窮。」

更何況在廣袤無邊的太空回望地球時，發現這顆紛紛擾擾的藍色星球，在宇宙中不過如沙灘上一粒毫不起眼的小沙？這就是著名的「暗淡藍點」（Pale Blue dot）。

一九九〇年二月十四日，航海家一號太空船加速離開太陽系，它在離太陽六十億公里處回望地球，拍下照片。照片裡的地球毫不起眼，如同一粒偶然落下的藍色細小塵埃。

大力推動這次拍攝計畫的天文學家卡爾・薩根（Carl Edward Sagan）深受觸動，他的學生、天文學家尼爾・德葛拉司・泰森（Neil deGrasse Tyson）在紀錄片「宇宙大探索」（*Cosmos: A Spacetime Odyssey*）中引用了薩根的感言：

有人說，天文學是一門令人謙卑的、同時也是塑造性情的學問。也許沒有什麼能比從遙遠太空拍攝到的我們微小世界的這張照片，更能展示人類的自負有多愚蠢。

對我而言，這也是在提醒我們的責任所在：更和善地對待彼此，並維護和珍惜這顆暗藍色的小點——這個我們目前所知唯一的家園。

卡爾・薩根感言

感謝凡事以「理性」出發的科學家和太空人，用絕對「感性」的手法，把我們的視角帶到太空，讓我們也震盪出別開生面的啟發。別說這一大顆藍色星球都變成雞腸鳥肚，何況地球上億萬兆生物之一的自己呢？

這就是「總觀效應」或稱為「全景效應」，站在制高至遠至廣處，以三百六十度環繞式超廣視角來看待當下瞬間的人事物，拍案驚奇連聲哇哇之際，便從敬畏中拋棄了自我中心、大本位主義，頓悟出在這宇宙中必然要謙卑謙卑再謙卑，小我小我再小我。

但我個人覺得透過網路影片感受「暗淡藍點」，其效果因缺乏臨場感還是打了點折扣。不如就學學大文豪蘇東坡吧，他光是望著滾滾長江浪淘盡，就達到強烈的全景效應了。

每當快忘記自己在全宇宙之相對極其渺小的位置時，就走進大自然換上「上帝的視角」，或是，進入歷史長河裡前看看、後瞄瞄，那麼，千年也不過一瞬間。在台灣寶島，一小時之內就能上山下海，很容易就能縮小自己，不必代換成「一頭簡單而快樂的豬」也能豁然開朗。

再不然，真沒時間，請記得抬頭看看天空。《慢一點，小林弘幸的究極健康法》一書，特別傳授這一招：「每天有意識的仰望天空，感受一片片雲朵、陽光、天氣的變化、風怎麼吹拂。」僅是看一眼天空，便立即能換上全景視角。若從醫學角度來解讀，「副交感神經」能因此快速活絡，自律神經立即獲得調節。

找棵樹來抱抱你

心煩意亂時，我還有一處小規模的「全景視角」。我家樓下中庭有一排蓊綠濃密、如一朵朵大傘的茄苳樹，每當被過多的自我意識卡住、感覺快要窒息時，我便會到樓下散散步，然後，躲進這一排大樹傘下。

每棵樹都向四面八方伸展出如大手臂的樹枝，把我團團護衛住，上面掛滿了被陽光穿得透亮的暖綠葉片，像一隻隻牢靠的手掌，爭相接住我過盛的負面自我、接住我的壞情緒，這一大朵一大朵樹傘根本是我的神奇伊甸園吧。每當抬頭望著它們，視角就跑到樹傘頂，於是，一個個頓悟福至心靈。

我跟鄰居媽媽朋友說，心煩時，試試看到這幾棵樹下走走，它們會跟你說怎麼做。鄰居媽媽沒有笑我神經病，她們都跟我一樣，不需要被蘋果擊中，就油然生出神奇的頓悟，而且是很客製化、很個人式的領悟。

有一天，我被輪番頂撞的青春期兒子搞得氣急敗壞，我又走到樹下漫步。傘頂上有一雙眼睛真摯地看著我，數十雙樹手臂圍過來環抱我，一陣大暖流湧上心頭，猝不及防的，一個聲音突然跑進耳裡：「別氣別氣，現在小子們多會頂嘴，以後就對你有多好。請持續愛你的孩子，就像我們始終如一支撐著你。」我傻住了，不知不覺順手摸了一把粗壯厚實的樹幹，哇！真的很靠譜啊，我的心情立即被梳理順暢。

怎麼回事？好吧，根本就是一枚想像力超級豐富的「瘋婦」一廂情願的自我投射，是換位到樹頂的視角進行了一場自我療癒與安慰罷了。但這小規模的「總觀效應」就是如此靈驗，特別適合做局部治療。開個處方給您，去找一棵大樹來抱抱你就對了。

16 「吉霸婚」！只要知道有個人始終在身旁，就很好

夫妻都需要練習踏出相互依賴的舒適圈，踏進沒有重疊的空間，練習獨處、獨立，各擁自己的一片天。

朋友聊天時說，她覺得和老公有交集的部分有限，這是她心頭一大遺憾，因為興趣不同，所以她已習慣追求自己的興趣，或自個兒去旅行，夫妻常各忙各的。「這樣好嗎？」朋友納悶地問。

剛結婚黏TT的早些年，我認為美滿婚姻的藍圖就是：夫妻同床共枕同進同

出同心同德，每天必要牽個老手散個小步、一起爬山踏青、一起唱歌跳舞，既是最佳玩伴，更是真心不變的第一歌友與舞友，最重要的是彼此心有靈犀，互換一個眼神就能啟動一千零一天方夜譚。

夫妻倆身心靈方方面面都契合，上自高遠的意識型態、下至食色生活品味，味味相投，最好連生物時鐘都磨得雷同。這等神仙鴛鴦、靈魂伴侶，真是愛情極品，羨煞人間。

我泥中沒有你、你泥中沒有我

然而，一想到這麼超凡脫俗的婚姻境界，我卻突然感覺呼吸困難。天啊！你儂我儂，忒煞情多，但從今爾後，我泥中再也沒了獨自的我，你泥中也沒了純粹的你，真格是將咱倆一起「打破」，實在太驚悚。熱愛自由的射手座如我，等一個人一起喝咖啡之前，絕對要先滿足的是「一個人無拘無束地喝咖啡」。

伴侶，就像兩個帶著吸力的圓，彼此靠近，然後一點一點慢慢浸入對方的世界，愛情熾熱時甚至心甘情願被對方完全吞沒。待蜜月狂潮消退，必會認清一點：兩個人，終究是兩個不同的圓，不是彼此的複製品。於是，你退我進、我退你進，持續不斷地探勘之後，便知交融部分有如礦產，有的夫妻能開採的多、有的能開採的少，但總量都有其上限。

如今半百已過，雙人舞也跳了幾十年，觀摩了無數組雙人舞風，終於覺悟，所謂美好的婚姻，真的不必是兩個重疊的圓，因為彼此密合度太高，就會錯把「密合的兩個生命」當成是自己，而忘了，這生命，終究必須是自己一個圓、最後也只有自己一個圓。

兩個圓有交集就好，交集的部分太滿，就讓不出無牽無掛、無拘無束的「舒適感」；交集的部分太大，當另一個圓消失了，自己這個圓立即殘缺不全、活不成樣。古有明訓，任何完美的人際關係，包括夫妻相處，鐵律就是：和而不同、求同存異。

我自己的期望是，夫妻兩個圓，大約有三分之一的交集，剩下三分之二，就請允許我泥中沒有你，你泥中沒有我。

這樣的交集到底夠不夠？我特別參考了婚姻教皇、也是美國著名心理學家約翰．高特曼提出的「每週五小時高質感夫妻共處」理論，對照我這個也有將近三十年結婚資歷的個案，心有戚戚焉。

磨了幾十年，已如同袍情誼的我們，真的連擠牙膏的方式都磨得一致了嗎？不！直到如今，咱們連牙膏放的位置還常互看不順眼，但倒是愈看對方愈順眼。已經「做人成功」三次的我們偶爾還不免在「戰爭與和平」中擺盪，「床頭吵、床尾和」這招真的萬無一失嗎？還是淪為「床頭吵、床尾哭」自憐自艾的無限迴圈呢？

不！半百之後，同床共枕相擁而眠早不是我的婚姻幸福指標，自律神經失調患者如我，能不被驚天動地的打呼聲頻頻嚇醒，是每天太陽升起時能回復為平和良婦初始設定的超必要條件。

老夫老妻沒有甜蜜與情趣了嗎？欸，說也奇怪，來到空巢，愛情磁場不規則分布，可喜的重點在於正負極還能止不住相互吸引，外加甜死人不償命的嘴砲更加滋潤，老夫老妻的情趣地圖豈在乎那一張床？

夫妻倆一起慢慢變老，三十年風霜的打磨，讓我們的身形容貌比起夫妻交拜時可謂已天差地遠，但我們各自挾帶的「性相遠」，卻難說有明顯大幅度的「習相近」。

想來想去，就是，我們各自都從心裡真切領悟了，三十年胼手胝足真不容易，這種長時間緊密的合作關係是人間之難、更是人間難得。心裡或仍堆著些許埋怨，但更多是感謝，感謝對方為自己、為這個家不曾間斷、咬牙的努力與付出；眼裡總抹不去一輩子也無法成功調教對方的無奈，但有更多的欣賞，欣賞對方有自己的能耐把家從平地豎起，把孩子一一拉拔；雖不能阻擋彼此的人老珠黃，但也銘記都把最顛峰的青春美好給了對方。

於是，甜言蜜語不必裝更不必多，每天零零星星都會迸個幾句；溫暖撫觸不自覺，拍拍肩膀滾滾床，不僅是生物本能也固化成了生活習慣。一切必須自覺，也終於成了自然。「天然ㄟ尚好」！

因此我親自認證：夫妻真不必黏緊緊，每天早上花個幾分鐘了解彼此行蹤、每日地圖，彼此祝福；每天晚上約莫三十分鐘隨便聊聊、吐吐苦水、互相安慰、做個「減壓談話」；每天有幾分鐘發自肺腑給予對方的正向肯定、欣賞與感謝，再畫龍點睛幾句甜言蜜語，調調情、說說笑話，像個小孩一般逗樂彼此；週末一起做點雙方都有興趣的事情，以上加總，真的隨便都有五小時。

婚姻教皇高特曼已經掛保證，只要符合這個標準，就達到幸福婚姻的門檻。看來，我訂定的三分之一的交集，不僅完全過關，也屬小奢華版吧！

婚姻不是全部

夫妻都需要練習踏出相互依賴的舒適圈，踏進沒有重疊的空間，練習獨處、獨立，各擁自己的一片天，這絕對是後半人生的重量級必修學分。畢竟，意外和明天，不知哪個先來；伴侶和自己，不知道哪一個先走。

黏愈緊，愈難捨；愈是濃情蜜意，終有一天，愈要面對撕心裂肺的愛別離苦。修離別，是非常艱難的功課。

《幸齡人生70開始》一書建議，人生後半絕對不要凡事都和另一半黏在一起行動，反而要有意識地刻意展開與其他人的社交互動，更要習慣自己一人行動，否則，「總有一天，另一半的離開將造成莫大的打擊。」

因此，我看我的書，你追你的泡泡劇；你堅守你的信仰、我鑽研我的興趣；我跟閨密喝咖啡聊是非，你跟哥兒們豪氣跑三鐵，千萬別認為兩個圓就此漸行漸遠、相互切割。每個圓都必須投資時間，以逐漸適應「自我運轉」的模式，遂彼此祝福，各自都有勇氣與能耐，擁抱奔放無罣礙的第二人生。

「我們人生都過一大半了，婚姻不是全部，別太勉強，只要知道有個家人始終在身旁，能一起吃吃飯、每天說說話，傷心抱一抱，快樂也抱一抱，同在屋簷下，有事就商量，老夫老妻這樣很好啦！這就是『吉霸婚』。」我出自肺腑回答朋友。

為什麼有人形單影隻卻不寂寞？因為她（他）比別人有更多的「me time」去練習「孤獨不等於寂寞」；為什麼老夫老妻黏在一起還是覺得很寂寞？因為她（他）還沒看透，兩個圓圈就是不同，融不在一起的部分就是不死心要硬湊。何苦來哉？

以前的我，不敢獨自旅行，總要黏著老公拖著孩子。中年開始，我嘗試一個人輕旅行，自在逍遙，覺悟恨晚；現在的我，拋家棄子十來天，一個人在天涯海角不知處，上山又下海，也沒半刻牽腸又掛肚。

看來，咱夫妻倆好像是平行線，你走你的陽關道，我過我的獨木橋？不！只要牽著與我相伴大半輩子的那雙「老手」，山水共遊，永遠獨具我倆特有的情調。老夫老妻要幸福，就是：兩老相伴不寂寞，獨自一人也精采。

銀髮熟女熱力四射

夫妻到老，到底是妻子黏老公多，還是老公黏妻子多？不論我去旅行、爬小山、跳舞、學才藝，都發現一個奇特現象：一簇一簇的好姊妹，一團一團的銀髮女兵，萬紅叢中總是只有幾點可憐的綠。

某天，我跟老公爬郊山，他在一個絕佳三角點拍縮時攝影，我閒著無聊，便在一旁涼亭空地練起排舞。三個結伴爬山的熟齡姊妹淘跟我聊上，便問我：「跳舞和爬山，你覺得哪一個比較有趣？」

我想都沒想，脫口就說：「當然是跳舞啊！」

其中一位爬山裝備相當專業的熟女立即追問：「你都是跟老公爬山嗎？」

「對，我爬山大多都是跟他。」

熟女笑答：「難怪你覺得爬山比較不有趣，跟老公爬山真的比較無聊欸。你去找幾個好姊妹一起爬山，你可能就會覺得爬山也很好玩。看我們就是這樣，一面爬，一面東聊西扯，跟老公就超級無聊的，哈哈哈……。」

《幸齡人生70開始》也提到，女性隨著年齡，因為男性荷爾蒙增加，即便原本內向，也會開始轉性，變得活潑好奇，喜歡學習新事物，生活多采多姿。又因為從年輕始，多半擔負更多照護家人的責任，生活能力大多不錯，典型女性天生又體貼細心，對人際敏銳，喜歡分享，因此愈老愈是個快樂「社交咖」。

男性恰恰相反，人生後半，雄性荷爾蒙快速下降，導致失去好奇心，鬥志與活力每況愈下。而嬰兒潮、X世代、Y世代的多數男性從年輕始，就習慣依賴太太的照顧，因此愈老就愈黏、愈不獨立。

再加上雌性荷爾蒙愈來愈旺，反而變得囉哩叭嗦、優柔寡斷。男人於此時，唯獨其大丈夫高自尊可能始終保持高水平，因此，不擅長的事，乾脆不嘗試，抗拒社交的「繭居老男」比例不低。

退休男士謹防淪為大型廢棄物

《超單身社會》一書有幾個很妙的結論：

首先，老先生依賴老太太比較多：此書提出二〇一五年一項針對六十至七十九歲夫妻所做的調查結果發現，高達六成的丈夫回答「依賴太太」，只有兩成太太回答「依賴先生」。（女人啊，壯年時「為母則強」，老時「為妻則強」。誰還敢說：「女人，你的名字叫弱者！」）

再來，有配偶的男性在「離婚」或「喪偶」之後，自殺比率都最高。（難怪日本有一首暢銷老歌〈大丈夫宣言〉，其中一句歌詞是：太太不能比我早死。）

第三：「熟齡離婚」比率逐年爬升，且多半是由女性提出，每年三月是熟年離婚高峰。（老先生每年三月最好皮繃緊、識相點，買個好禮、做做家事、哄哄老婆，以免被開除。）

看來，銀髮女力勢不可當，當女人轉成「男人婆」時，就開始了大展身手的黃金歲月，個個都是潛力股，進化成不黏老公也不愛老公黏的黃金女郎。我身邊一堆好友聽聞老公要退休，都瑟瑟發抖「剉咧等」！「母湯！母湯！」個個都高喊「我要自由」。

而已經退休的老公們，忽然失去舞台與戰場，在家裡又還沒開發出擅場，若沒有強大自覺，也沒有面對頹勢襲來的勇氣，很可能真的退化成連自己都不知道往哪兒放的「大型廢棄物」。更有不少退休男士此時的人生寫照是：以老婆為圓心，以老婆的動向為半徑；老婆繞著地球轉，老公甘願只繞著老婆轉。

結論很清楚：熟齡活力女，趁著病老前就好好衝一波，謹守「每週五小時高質感夫妻共處之道」，既對得起為家奔忙一輩子的老公，更對得起等了大半輩子才等到的熟年大運。

而男士們，是個男人，就不要聽我前面的百般看衰，別忘了，這是個進步的新性平時代，職場上沒了戰場，回到自己一手建立的老窩，更值得你好好開發新擅場。老婆能做的你都能做，老婆不能做的，你更能做。是個大男人，也可以是個小男人。Why not?

此外，女人從年輕到老多半都有姊妹淘，男人也該要有幾個死黨知交。《幸齡人生70開始》特別指出，社交能增進男性荷爾蒙的分泌，而男性荷爾蒙提升，就能增強肌力。反過來，肌力又能促進男性荷爾蒙分泌，因而形成良性循環。

想要保持雄風於不墜，延緩老態，不是吃補藥，而是踏出家門，找幾個談得來、玩得來的夥伴，活絡社交、活動筋骨，老男人就是瓶永遠不油不膩的老酒，愈陳愈香。

17 老夫老妻就是一輩子相愛相殺

老夫老妻，彼此從身體到心裡早都摸透透，沒啥好說，那麼，就好好地手牽手、慢慢走，一切盡在不言中。

一位朋友問我：「當你覺得對一個決策很疑惑、下不了決定、想不清楚該怎麼做的時候，你會信賴誰的建議？」

我想了一下：「我老公吧！」

朋友馬上問為什麼。

我不假思索地回答：「因為他考慮事情比我仔細、比我更能抓到大方向、比較理性、比較不衝動、EQ比我好、世面見得多、人際相處的眉眉角角也比我得體吧！」

一口氣說完，咦？一整個不對勁！前述此等高人真是我老公嗎？此種完人怎勞我天天嫌棄嘮叨？我像多生了一個兒子，每天都得重複來重複去以下這些魔音穿腦，數十年如一日：

「你是最後吃飯的人，記得拔掉電鍋插頭，廚房擦洗乾淨、整理廚餘！」

「記得家裡有五個人洗澡，不要老是占著茅坑不拉X，一進去就出不來！」

「你有記得拿手機、鑰匙和錢包吧？檢查一下！」

「為什麼到處都有牙線棒？你是鯊魚有兩萬六千顆牙齒嗎？」

「衣服襪子請不要亂丟、請翻到正面，我是太太，不是女傭！」

「請仔細看一下我給你的Google日曆行程，不要又搞到撞期！」

……

吧拉吧拉哇啦哇啦，族繁不及備載。看來，我是大事問老公，小事罵老公。然而，日常生活中永遠塞滿了小事和小小事，實難遇到太多大事。

繁星與太陽

這讓我想到一對模範老夫妻的故事。鑽石婚姻楷模頒獎典禮上，主持人問老太太：「您覺得您老公有缺點嗎？」

老太太回答：「他的缺點多得就如同天上的繁星，數都數不清啊！」

主持人又問：「那您老公優點多嗎？」

老太太嘆道：「很少，少得就像天上的太陽！」

主持人又追問：「既然如此，那您為什麼可以和他結褵半世紀，還如此恩愛呢？」

老太太慧黠一笑：「因為太陽一出來，星星就看不見啦！」

老實說，多數婚姻裡，夫妻雙方都可能覺得對方身上擁有眾多「星星」，每天爭相閃爍，甚至好幾顆亮度屬一等星。一顆一顆亮晶晶，顆顆都是眼中釘，雙方往往氣得忍不住搬出大槌用力敲它們幾下，但星星卻是愈敲愈亮，一輩子從不曾被敲碎或熄滅。

誰人的婚姻不是縫縫補補、坑坑巴巴，我也無例外。我和老公走到今日，那位渾身散發「燦爛星光」的老男卻始終能博得我的信賴、依賴，甚至耍賴，正是因為他也有「太陽」。當然，我的「璀璨」星空也不遑多讓。

約翰．高特曼曾做過統計，婚姻中高達百分之六十九的問題是無法解決的，只能靠彼此包容退讓。即便走過了一輩子，還是堆著一籮筐的互看不順眼、互動無結論，永遠懸而未決，百年之後，便不了了之，歡喜冤家下輩子還得來重修。婚姻裡只靠一個太陽哪夠？此刻，我為老夫老妻們點播一首齊秦的好歌：

喔～喔～九個太陽～～喔～喔～九個太陽～～

對，老夫老妻各自捧出九個太陽，才遮得了彼此身上的浩瀚銀河。

特別的愛給特別的你

某個東北季風肆虐中少見的晴天，暖陽遍灑，我和老公輕快地走在蓊鬱的香樟樹旁。突然，一陣異常激動的叫罵聲愈靠愈近，把我們在濕冷冬日裡難得的恣意快活全數掃光。

迎面而來，一對白髮蒼蒼的夫妻，各拄著一支枴杖，蹣跚而來。老婦人不知何故，邊走邊罵身邊的老先生，濃濃的家鄉口音，我們好奇地側耳傾聽，卻聽不出所以然。

老婦旁若無人，甚至可說是目中無人，愈罵愈凶，罵得咬牙切齒，罵得面目猙獰，罵到激動處，還使勁用枴杖猛敲地。但詭異的是，一旁的老先生被罵得狗血淋頭，卻始終保持一貫的微笑，而且被罵得愈凶，微笑曲線愈是完美。我看到他還不時轉頭偷瞄老太婆幾眼，然後又速速低下頭，繼續賊笑。

老公評：「我看，這老先生一定是從年輕就被罵到現在，早就習慣了。」

我再評：「這老先生高竿啊，早就練成一套生存之道。要不然，就是獨具慧眼，能把牽手一生的『老太婆發瘋』看成可愛的鬧劇。」

暮年夫妻爆點連連，演演肖查某、練練肺活量，也許還勝過相敬如冰類如室友的空空洞洞。依我看，就是因為老太太心裡還在乎，還抱著希望，因此拄著枴杖也聲嘶力竭、努力調教，那背後可是對老先生「恨鐵不成鋼」的永不死心。

老先生為什麼愈被罵愈開心？可能只有他才懂得老太太隱藏版的了不起的「太陽」吧。再點播一首歌，代替老先生送給老太太：特別的愛給特別的你。從年輕吵到老的老先生老太婆，幾經昇華，早就到了我等無法參透的禪境了。

什麼都不必說

不過，比諸以上案例，我還看過境界更不凡的一對老夫老妻。某天散步，眼前出現一對佝僂著背的老夫婦，兩人親密地手挽著手，老夫在左，左手拄著一支枴杖，老婦在右，右手拄著一支枴杖，兩人一路緊緊扶持，蹣跚前行，除了枴杖聲，四方一片靜默無語。我看著這動人的一幕，遂寫下一首小詩：

你蹣跚的雙腿是我有力的支杖，
我羸弱的雙腳撐起你雙臂的硬朗，
同時舉起、同時落地的兩支杖，
是我們的呼吸，是我們的氣息，
是我們朝朝暮暮同心合意的言語。
叮叮咚咚，叮叮咚咚……
你無言，但你知道你有我；
我無語，但我知道我有你。
同步，不是從今天才開始；
默契，不只在這兩雙腳、兩支杖，
你的步履時大時小、我的速率忽快忽慢，
這每一步，這每一個日子，這一輩子，
可都是艱難的磨合妥協與退讓。
天作之合，

不是月下老人精心配對的那一頁鴛鴦譜，
不是天雷勾動地火的那一刻傾心，
不是舉案齊眉那一夜的聲聲祝福，
而是我們真真實實走過的這一世情，
是春去秋來、在不間斷的進進退退間交纏扶持，
而融為一體的溫暖雙臂。

此時此刻，無聲勝有聲。老夫老妻，情話差不多都說完了，家常話也都是老哏，糟心事更懶得提，且我知道你的雷，你也知道我的痛，彼此從身體到心裡早都摸透透，沒啥好說，乾脆不說了，不說也能懂（或許耳背），那麼，就好好地手牽手、慢慢走，一切盡在不言中。

再來為超凡境界的老夫老妻們點播一首歌：

哈～哈～什麼都不必說！

練了一輩子，老夫老妻早就證實約翰．高特曼所說，婚姻裡至多只有百分之三十一是可以磨合解決的，彼此相愛相殺無數回合，稜稜角角都磨過好幾輪，不再奢望，也沒有失望，甘願就此定型，別再浪費氣力，剩下的能量省著用，用來彼此扶持、用來好好吃飯、好好生活，千言萬語化做簡簡單單的柴米油鹽即可。再說，要磨合百分之三十一也著實不易，值得感激與慶賀。

人間聚散苦匆匆，熟齡之後空巢的浪漫，不是燭光晚宴，不需玫瑰千朵，而是萬家燈火中總有一處小小的人間煙火，一屋二人、三餐四季，在老伴親手做的家常羹湯裡，大眼毫不設防地瞪著小眼。從愛情走到親情，從情人變成家人，我能想到最浪漫的事，就是和你一起慢慢變老。再來點播一曲：最浪漫的事。

老夫老妻耍寶練肖話，才是歲月靜好

咱家屋子裡過去總有三個娃兒成天逗笑，後來突變成三枚火山青少年不斷爆發。時而逗樂、時而惹氣，就是養孩子的家庭常態。如今卻是一屋子的靜默。可能是為了永續維持此屋又惹氣又惹笑的慣有生態，咱倆老居然逐漸發展出互虧為樂（年輕時稱作打情罵俏）的「機智夫妻生活」。

站在「逗得對方笑破肚皮」及「一秒惹怒對方」的危險稜線上，除了反應機智，還得拿捏分寸，既好氣但必須更好笑，稍一失準，就會從相愛變成相殺。撩得恰到好處，老伴就是討喜的老萊子。來，茲舉幾例：

某天爬山，我問老公：「你爬山還敢穿短袖，沒被蚊子咬嗎？」

老公：「沒。」

我：「豈有此理！我穿長褲，居然大腿還能被咬兩包，可惡！」

老公：「這是人品問題。」

我：「這是肉品問題。你肉品太差。」

＊　＊　＊

我問老公：「欸，你應該是明年才要過六十歲生日吧？」

老公：「對吧！」

我：「哇，時間過得真快，連你都要六十了。」

老公：「雖然就要六十歲了，但我的內心一直只有二十九，精力充沛、年輕有為。」

我：「是喔，那我的內心一直只有八歲，跟小孩子就多多包容、別太計較。」

＊　＊　＊

我：「你看這戶人家門口，種了滿滿各式各樣的多肉植物，也不是拿來買賣的，太特別了吧！」

老公：「你找到一堆同類生物，那麼興奮啊！」

＊　＊　＊

老公：「聖誕燈壞了，我要去 HOLA 買，你要不要去？」

我：「天氣這麼冷，只買一個聖誕燈，一個人去就好了吧！」

老公：「說不定我一不小心就訂了一組新沙發回來喔！」

我：「好啊，我可能也一不小心訂一層樓房回來。咱們出發吧！」

＊　＊　＊

我：「為什麼你手腕上多了一個檀香木串珠手環？」

老公：「我哥哥送給我的。」

我：「有什麼特別作用嗎？」

老公：「防囉嗦。」

我：「目前我看不出具體效果。」

＊　＊　＊

聽聞幾對老友好不容易都熬到孩子長大成人，居然選擇離婚一途。話說哪個婚姻不是風風雨雨？我從不覺得自己的婚姻自始至終都甜如蜜、風平浪靜。冷眼看著身旁的合作好夥伴，問道：「喂，咱們，應該能撐到白頭偕老吧！」

夥伴頓時語塞。（我內心吶喊：你膽敢不秒吐「當然可以！」）

緊接著突然頓悟一事，立即道：「不不不，我們不可能白頭偕老的。」

合作夥伴轉為驚恐。

我答道：「你目前無髮只剩頭皮。我目前尚未能接受自己白頭髮，每隔一段時間都要染髮。所以……我們倆，不可能『白頭』偕老，只可能『頭皮偕老』！」

＊　＊　＊

週末只剩兩老，午餐時間，老公問：「要吃什麼？」

主婦我：「週末我不煮飯，隨便吃什麼都好。」

兩老不約而同倒在床上，安靜打起盹來。半晌，老公開口：「快啦，兩個廢人要吃什麼？」

我：「現在，我們，若是公園裡大樹下兩隻無所事事、趴著睡大頭覺的狗兒，你知道經過的人類有什麼感覺嗎？」

老公：「什麼感覺？」

我：「真是歲月靜好啊。」

＊　＊　＊

是了，儘管咱一個已頭禿臉皺、一肚腩肥油，另一個也珠黃皮鬆、手腳不靈活，但尚有高昂的興致與靈活的腦力耍嘴皮、練肖話，樂於逗樂彼此，維持一屋子的歡樂水平，這不就是後半人生的歲月靜好、老夫老妻的雪月風花嗎？一起來大膽嘗試、小心服用。「不正經夫妻」真金不怕火煉！

18 再怎麼斷捨離，我都需要酒肉朋友！

詩人墨客尚需和朋友把酒言歡，鄉間庶民也要把酒話桑麻，吃吃喝喝，就是打開心扉彼此靠近的最佳觸媒。

接近更年期的朋友，不僅要對付自己紊亂的荷爾蒙、衰敗的身體、彈力美肌崩塌、自信心一敗塗地，若是有兒女，也剛巧來到親子互看兩厭，甚至已「互不看更兩恨」之最不對盤階段。始終能處於自我內外調和、家和萬事興的顛峰狀態，此人不是沒有神經（無痛無感），就是沒有心臟（永不疲累），要不就是沒有人性（已修練成仙）。

老友之一低盪困惑時，曾抱著一線希望求助心理諮商師，一股腦將煩擾苦痛和盤托出。沒想到比她年輕一大輪的諮商師，非但沒法寶讓她的心情止跌回升，反倒像是追劇一般，一集接一集、無可自拔地陷入老友高潮迭起的生命故事裡。

自此，諮商者與被諮商者的角色神奇對調，老友從戀愛技巧、婚姻問題、養兒困擾，娓娓向諮商師揭露真金換不了的生命經驗值，諮商師反向受到更大的鼓舞與療癒。

我拍著老友，說：「搞不好，這就是厲害諮商師的最高明手法，化諮商於無形，讓你自己破解突圍。這個很高啊！」

老友：「啊哉？不過從此，我明白了一件事，找幾個好姊妹痛痛快快、無憂無腦、大吃大喝、亂說亂笑，比找諮商師更有用。」

在對話的此刻，咱五個好姊妹正相約於淡水河畔的特色文青咖啡屋，以貴婦的心態、平價的美食，佐以假文青之姿及自嗨少女裝扮，共享從舌尖、視覺、聽覺到心靈的全面解放，嘰哩呱啦、嘻嘻哈哈、大口吃、小口酌，放心說、痛快「靠」一！

誰說人生不要交酒肉朋友？

岑參詩云：「一生大笑能幾回，斗酒相逢須醉倒。」自古好朋友都有這一幕：同飲共醉，不醉不歸。

白居易詩云：「為我引杯添酒飲，與君把箸擊盤歌。」不僅要親手倒酒，還要一起唱歌。

杜甫詩云：「主稱會面難，一舉累十觴。」十觴哪夠？都說：「酒逢知己千杯少。」

蘇軾詩云：「相逢一醉是前緣。」能一起談笑共醉，豈止是今世之知己，還可推往前世今生啊。

哪個詩人墨客不需要和朋友把酒言歡，連鄉間庶民都要「把酒話桑麻」，吃吃喝喝，就是打開心扉彼此靠近的最佳觸媒。

男人話比女人少，集中於國事與女人、運動與品酒，談完了不怕滿空氣尷尬句點。觥籌交錯，場子更熱，來，乎乾啦！女人聚在一起更需要吃吃喝喝，因為話題總是不規則跳躍、失控的多線發展，每個人爭相發言，搶不到話的人，至少可以吃吃喝喝、空出雙耳、拍手叫好。

故，儘管人們說，愈老愈要斷捨離，社交更要斷捨離，但能一起在「吃喝說笑」磁場上接近的朋友，儘管言不及義、胡說八道、胡吃海喝，都不會在我「斷捨離的朋友清單」上，畢竟人生後半一路衰老已經夠悲摧，怎忍心刪除這一處歡樂「搖滾區」呢？

珍惜「蛋黃區」朋友，注意「蛋白區」升值行情

人類學家鄧巴（Robin Dunbar）提出，每個人至多只能和一百五十位朋友保持穩定的人際關係，超出這個數字，多半就是點頭之交，稱不上是朋友。不過，這一百五十人，其實也非全都是親密摯友，很多連「普通朋友」都稱不上。

鄧巴提出：一個人一生平均只有五個親密摯友；聽到你離開人世會傷心到哭泣的，平均只有十五個人；互動比較頻繁的，平均約五十人。我用淺顯易懂的房

市夯詞來做個區分：

蛋黃區中的蛋黃區：五人

蛋黃區：十五人

蛋白區：五十人

蛋殼區：一百五十人

其他，只知其名、無所來往的就落在「蛋盒區」啦！

留在我「蛋黃區」的親友，約有以下幾類：

第一類是心靈導師類：

只要遇上解不開的結，這些親友就是我的明燈。他們的特質是，通達事理、心思細膩、人生經驗豐富、有智慧。重要的是：「我」之所欲，常在「他」心；我飢他飢，我溺他溺，同理心特強。更重要的是，他們絕對值得信賴，並百分之百維護我的隱私，這類朋友堪比心理諮商師，且有過之而無不及，因為他們徹底了解我、保護我，懂得用專屬配方安慰我、開導我。

第二類是有趣的朋友：

生活需要自在、歡樂與有趣，對話不總是需要達到可量化的功能，特別是女人，嘴巴裡永遠塞滿等著兌換成「語言」的刪節號，憋著不說，差不多等於半死不活。因此，擁有在一起便能毫無顧忌互倒垃圾、互相取暖，甚至互相比慘、互虧為樂的朋友群，就等於直接給大腦下指令放送滾滾多巴胺與腦內啡，不用百憂解與肌肉鬆弛劑，便已達深層療癒放鬆之效果。當然，酒肉朋友也是要挑過。毫不保留地說三道四且引以為樂、沒有界線分寸的朋友，我也斷然列為拒絕往來戶。

第三類是能提供我專業知識、見識廣博的朋友（好奇好學寶寶）：就是孔子說的「友多聞」。固定和這一類朋友相聚，就是為了充電，此時，就化作一個貪婪的吸血鬼吧！從他們身上汲取營養豐富的新知，尤其是對自己專業領域或是興趣追求上，能提供全新資訊、嶄新見解及新鮮刺激的朋友，跟他們相聚，總讓我耳目一新，覺得又值得多活個一百年。

這類朋友自己本身就是活到老、學到老的「好奇寶寶」，只要感覺快要枯竭，就蹭蹭他們的金頭腦，立馬電力十足，幹勁十足！

而放在「蛋白區」的朋友也舉足輕重，比如興趣相投的朋友，一起跳舞、一起學才藝，雖然交集僅在興趣，但難說不會有這麼一天，「重劃區」快速升值成「蛋黃區」，兼具心靈導師、或開心吃喝談笑取暖、甚或金頭腦的多重價值。

此外，還有一些平常疏於往來，但始終感覺價值觀接近、磁場也挺合的老同學、老同事、老朋友，這些朋友，都挺具升值潛力。但礙於精力有限、時間不夠分配，就先暫放「蛋白區」吧！

話說，人和人是相互加分、相得益彰的，若能被別人放在「蛋白區」甚或晉升至「蛋黃區」，自己社交圈的這兩區就絕對不乏人氣。當然，人生後半，別爭著當「人氣王」。一顆蛋就這麼點大，人生後半挺脆弱的，人氣太旺，「吃緊弄破蛋」。人生後半，斷捨離，勢必要砍掉「蛋盒區」乃至「蛋殼區」，珍惜久釀的「蛋黃區」。

19 見不得人好，不如見得自己已經很好

深沉的滿足感，來自本身的心安理得、身心本體的安頓與自在。
要維持恆久的幸福之心，勢必要學著「見得別人好」的格局與度量。

和兒子之一聊天，他說近日有個覺悟，覺得時間花在太過多樣的社群軟體上很浪費時間，於是，刪了ＩＧ。

「我發現一直看ＩＧ，反而不快樂。」兒子說。

「為什麼？」老母我問。

兒子表示，首先，每天起床、睡前都會花很多時間看ＩＧ，特別討厭看到同

學過得爽：「媽你知道嗎？每次滑到哪個同學又在哪裡度假，特別是昂貴的海外行，我根本就知道他們沒在打工，不可能靠自己的財力去那些國家旅行；或是看同學秀一身名牌名鞋，我就很難平衡。當然，那是他們的命，我沒必要嫉妒。但是，我這個年紀，還真難。為了不浪費時間、不生出不必要的負面情緒，關帳不看，是最好的方法。突然多了不少時間，也少了超多干擾。」

深沉的滿足，來自於心安理得

聽著聽著，我突然屏息。心想，如果，我處在兒子這年紀、生在這個世代，我有克制力能關掉ＩＧ帳號嗎？不可能！

如果看別人過得比我好，我能做到毫不在意嗎？當然，也不可能！

那我怎麼處理我的「見不得別人好」呢？將角色帶入後，我發現我的層次與水準可能就是：不斷活在比較與妒忌、酸言酸語、怨天尤人之中，無可奈何再無可奈何，最後，繼續在不平衡的心態中找到自己的傾斜立足點。

直到經過歲月洗禮、時光磨礪，我終於努力贏過別人，一雪前恥了嗎？或是，我終於接受形勢比人強、就是矮人一截又如何的現實了嗎？反省一下，看看歲月到底有沒有把我磨得更好？還是馬齒徒長？

我當然希望自己過得好，但是，如今的我，並非覺得一定要過得比身旁朋友都來得明顯的好，才是幸福。因為我一定要明顯感受到我就是那個「溫拿」，那麼「卑屈不平之魯蛇」勢必得換人做做看。自覺過得不算太好、相形見絀的朋友如果想不透、看不破，那麼只會讓我討人厭，失去讓他們靠近的意願，毀掉友誼。

如果風水始終沒有輪流轉，「卑屈不平之魯蛇」成了我的咒詛與人設，即便我能不斷滿足別人的優越感，而增加我假象的「平易近人」親切度，但我真願意用自己的窩囊與自卑，以博取不造成他人壓力的脆弱友誼嗎？

當然，我沒有這麼偉大。

人之所以不幸，就是因為太喜歡比較；人之所以幸福，最表淺的原因也是，覺得自己過得比身旁的人都好。幸福感與不幸福感，都因為經過比較而產出。到了人生後半，如果一定要「自覺比別人過得好」才抓得住幸福，那麼，歲月確實沒有帶給我禮物。

心裡能感到深沉的滿足，乃來自於本身的心安理得、身心本體的安頓與自在。

如果無法突破「見不得別人好」，那只有繼續地「偏」心自「遠」，選擇離群索居一途，就關在「一個人的江湖」寂寞之島吧。或者，永遠只有勇氣結交主觀上混得比自己差的朋友。

學著「見得別人好」

但，這不是好辦法！因為，決定一個人幸福的因素，在一項名為「世界價值觀調查表」針對一百五十多個國家之「人民生活滿意度」進行分析，發現有六大原因決定一個人感到幸福：

第一個原因是「社會支持」，第二個是「慷慨」，第三個是「信任」，以上這些都和「社會人際互動」有關，也就是，感受到幸福的人幾乎脫離不了擁有美好且慷慨自由的社會人際關係。

《大人的幸福學》一書說：「即使健康欠佳，但較多的社會支持與社會互動會讓人更幸福」，「努力賺更多錢，只會讓你保持原來的滿意度；但培養信任、感情和其他形式的社會支持，才會使你『幸福銀行的戶頭』越存越多。」

只要有人，就有江湖，是江湖，就會比較，一比較，就難擺脫「見不得別人好」。另外，也有人看不起矮自己一大層次的親友。這就是人際迷思：嫉妒比自己好的，看不起比自己差的。

人生後半，對凡夫俗子最簡單的解決之道，就是，找一群生活模式與層次都差不了太多的人當朋友，就少了徒增的比較煩惱心。但人生功課修至此，可能只夠及格。

因此，我想了想，要維持恆久的幸福之心，勢必要學著「見得別人好」的格局與度量，欣賞並同感於別人的順境與福氣。所謂「見人得利心歡喜，不妒人樂心安得」。

另外也要懂得「藏」，帶著一些敏感度偵測朋友特別在意的「雷」，不在這些點上顯山露水，以免激出他人心裡深處的暗黑惡面，徒增他人的競爭焦慮感。

回到兒子的處理方式，我覺得也不錯。畢竟二十載生命經驗，很難有深厚功力妥善處理紛雜碎片化、爭妍鬥豔的虛榮炫耀場。眼不見為淨、心先安靜，把碎片化時間集結成一段專注時光，做些更有意義的事，這是新世代的解藥，也可能是我輩可採用的初階解方。

「時間突然變很多，以前一天到晚看ＩＧ真的浪費我太多時間。」兒子說，這才是最大的收穫。

終有一天，我們得知道，這世界本來就是人外有人、天外有天，放大所擁有的、專注於當下正享用的，其實我們就是那人外人、天外天。見不得人好，不如見得自己已經很好。

20 半百人生的探索幸福之旅

新體驗能有效激發旺盛生命力，而激發生命力，才可能延年益壽，且延的是好年，益的是福壽，而不是殘喘苟活。

無意間，看到十多年前我在某場談「教養男孩」講座之後的臉書發文，主題為「為什麼養男孩的媽媽要哭？」。如今坐五望六的我，快速橫掃之後，居然，沒有哭，只有一陣暖流湧上心頭，淺淺真摯地一笑。以下是該篇舊文文本：

昨天的演講場開場前，我隨興做了個田野調查，發現一百多位前來聽講的媽咪，除卻兩位之外，竟都是生養「兒子」。

講演當中，我秀出咱家小子們老愛玩車車、畫車車、排車車、組裝車車的照片。我讓聽眾知道，咱家三小子最喜歡玩的遊戲也正是媽媽們最無法理解、打從心裡討厭排斥的「打架遊戲」。

講著講著，我會一不小心把聽眾當成訴苦對象，哀怨無奈的畫面不斷從腦海翻跳出來：

曾經，那最多只能坐上二十分鐘的小子們老把餐廳當 playground，而不斷遭人狠翻白眼；

曾經，在等待隊伍中蹦來又跳去，小子們一不小心踩到尖刻老婦人的腳而被大罵「沒教養」；

曾經，因迷戀「破銅爛鐵」即興打擊樂團，小子們心血一來潮，就搬出廚房裡的大鍋小鍋狂敲狠打，雖然為媽的我禁不住讚嘆小娃們的精準節奏感，卻狠遭鄰居怒按門鈴；

曾經，因為小子們腦子總管不住好動的手腳，每每為娘的我翻開聯絡本前都得預先心理建設，先惜惜自己：

萬一看到被老師多蓋一張「哭哭臉」，沒關係喔，這不是世界末日喔；如果只被老師寫下兩、三行紅字就代表有進步喔，總比「半頁」紅字清爽宜人……在場媽咪聽得點頭如搗蒜。

我說，男孩們玩積木可不是為了把積木堆高、堆好、堆滿，而是為了……話還沒落定，好幾個媽媽不約而同答腔：「是為了『K』倒積木！」

我說，小男生聚在一起一定要玩……

媽媽們又順暢接龍：「玩『打架』遊戲！」

我說，男孩的書包總是……

「像『垃圾包』！」

我說，男孩考試總是……

「粗心大意！」

……

在我拋出的一個個驚悚畫面的小小空檔，我都會聽到各式各樣熱鬧的大小爆點。像在玩接龍遊戲，總有不少媽咪心有靈犀地爆出相同答案。

然後，有人噗哧一笑，有人哈哈大笑，有人無奈地笑，有人恍然大悟地笑，當各種笑聲在短短幾秒鐘交織成一片時，竟有股奇異的暖流在會場中快速飛竄，一處暈染一處。瞬間，媽媽們同時解脫，同時獲得救贖。

不過，在台上台下紛紛投進「自我解嘲」大快人心之時，有幾處笑聲的背後卻暗潮洶湧，那笑聲盡處的酸楚，逼得媽咪們顧不得形象，笑瞇了的眼竟開始泛紅。

聽講師我大吐令人發噱的教養兒子經，真的好好笑，大家都傻傻地笑，笑啊笑，終究無法壓抑面對棘手男孩時的無助、焦慮與徬徨。於是，講座上，有易感的媽咪開始泛淚。

簽書時，有媽咪衝向我，才開口一句「兒子好難帶啊……」就泣不成聲。座談結束，有焦慮過度的媽咪緊挨著我頻頻發問，邊問邊掉淚。

我這才發覺，養男孩的媽咪啊，要跳脫女性思維去了解截然不同的男孩，真的不容易。要從和諧、平靜之美好狀態，跳進躁動、鬥狠的雄性猛烈，是多麼的舉步維艱啊！

要找到正確方法，重新學習馴服如同小野獸般的男孩，實在是條漫漫長路。

而我才發覺，站上台分享「教養男孩媽媽經」之時，我的第一步，還真不是先講述那長篇大論的教養法則。

抱抱男孩媽媽

十多年前辦完講座的那天，主辦單位在我臉書留了一長串留言：

我一直覺得媽媽總是到處聽教養講座卻忘了回頭照顧自己，看到今天最後那幾位哭紅了眼的朋友真的很心疼。

下次，可以再幫我們講一場「抱抱男孩媽媽」嗎？讓男孩媽媽回頭好好照顧自己，傾聽自己的內心，好好愛自己吧！

是啊，抱抱男孩媽媽。不只是男孩的媽媽，所有媽媽都應該抱抱自己。

但十多年後，我好像才真正看見這幾個字。畢竟，當年看完留言，我依然分身乏術，一轉頭，這隻等著我抱抱、那隻等著我秀秀；小兒子等著哄哄、大兒子等著摸頭，我，哪挪得出一雙手臂擁抱自己呢？只要知道這世上處處都有跟我一樣卡在同溫層的陀螺媽咪們，已充分得到安慰。

回望十多年前，時時日日總有大隻小隻前擁後抱，我雖然沒了自己，但對照現今人去樓空一屋子寂寥，當年三枚黏膩寶貝的放心倚靠、用力依附，讓我的幸福荷爾蒙——催產素（又稱愛的荷爾蒙）持續噴發，比剛生完寶寶時的乳汁分泌還洶湧。

我這才了悟，人，愈被需要就愈幸福。如今重看當年那篇文章，我怎麼可能哭哭，一陣暖流從腳底直灌頂輪，羨慕得要死。

而三小子們是多麼幸福，這世上就是有這麼兩個人（我沒漏掉孩子的爹），天天手把手、心甘情願地陪他們向外探索世界、向內探索自己。於是，他們逐漸摸清了自己的喜歡與不喜歡、能夠與不能夠、嚮往與不嚮往。

重新分泌幸福荷爾蒙，終結低盪生活

在我還來不及認清催產素即將隨著空巢來臨而斷炊的殘酷事實時，雪上加霜地，我更進入了更年期，雌激素同時大減產，整個人突然進入了前所未有的低盪狀態，就像從一百樓瞬間跌至一樓，過去的高昂鬥志全數被混亂的荷爾蒙打趴，對任何事都提不起勁，沒有熱忱。

以前帶三個娃，在斷斷續續、可憐兮兮的零碎時間裡，我驕傲地擠出一本又一本著作；而現在，我毫不羞愧地任一整片、一整片又一整片白花花時光從指縫溜走，僵硬的手指頭連筆電上的一層灰也懶得打理，更甭提打字了。

我科普了一下：為什麼沒什麼事能讓我得到成就感呢？原來，我的多巴胺濃度不足；為什麼我經常覺得鬱悶、身心不安穩呢？喔，這應是血清素不足；小獸一隻接著一隻離巢，過去浸泡在高熱度的奢侈愛意裡，現在突然降至冰點，再也沒有催產素的時時滋潤；過去，我每天用打仗的精神才伸得出三頭六臂、身兼數職，腎上腺素早就被擠乾，現在當然再難產出高強度的興奮刺激感啊！

原來，所有重要的幸福荷爾蒙都自我體內快速乾涸，難怪，我的生活有如行屍走肉。

「媽媽請抱抱自己」這幾個字，才在我心裡被逼成有意義的「動詞」。

亞里斯多德曾說：「幸福是人生的意義及目標，亦即人存在於世上的終極目的。」以科普角度分析：

缺了幸福荷爾蒙＝失去有意義且幸福的生命

於是，我透澈了，我必須想方設法找到一些事情，重新分泌以上這些幸福荷爾蒙，才能終結槁木死灰的生活。

同時，我看到日本精神科權威醫生和田秀樹在《幸齡人生70開始》的殷切叮嚀：「很多人都在退休前一直沒有自己的興趣，直到退休近在眼前時才開始手忙腳亂，不知道退休後該做什麼才好。退休後就算要找些事情來做，也因額葉開始老化，而無法輕易找到想做的事。」

哇，荷爾蒙都減產，若是連我頗引以為傲的額葉（掌管思考）也廢掉，應可直接宣布我的有效生命已結束。

和田秀樹點出三個方向：

第一，趁著老去之前積極探索培養自己的興趣。

第二，年輕時喜歡做卻沒時間做的事，趕快列在生命清單中。

第三，不要想太多，儘管放手去做，嘗試之後若覺得沒意思，就放棄、再探索，都比東想西想沒行動好。

於是，我拿出當年陪伴三小子的無條件之愛，耐心陪伴自己，於焉展開一連串探索行動。

文科老生學寫程式，刺激生存迴路

首先，我報名了為期三個月的 Python 程式設計課程。

年過半百的我有個遺憾，我老公是寫程式的，我則是個文科生，向來對寫程式以及老公的工作一無所知。眼看ＡＩ相關公司的股票一個個成為飆股，我想，我絕不能置身於此波「第四次工業革命」之外，本已嚴重數位落後的我，決心一口氣趕上進度。

每堂課三小時，但是，我大概在第一堂課半小時之後，就明確認知我的腦細胞不敷使用，光是最基本的電腦設定問題就讓我卡死動彈不得。

大約在第一個小時的下課十分鐘，我就沒志氣地思考著，是不是該去上其他比較能連結我大腦天生設定的課程呢？畢竟老師說過，若真的跟不上進度，可以轉上其他課程。

大概兩小時之後，我便把耳機丟開，打開筆電喇叭，站起來一邊聽課、一邊做體操，美其名是為了緩解更年期不能久坐的僵化筋骨，實則為擺爛與不知所措，因為老師要我做的即時作業我都聽不懂、來不及。

在不停地查看還有多久時間下課，及不斷抑制想打開 LINE 以紓壓的假正經三小時之後，我終於能從 Zoom 會議中默默走人。

然而，無論如何，我必須給苦撐完全場的自己拍拍手。畢竟，Zoom 會議人數從一開始的三十一人最後變成二十人，我絕對不是那個落跑者。我的靈魂常常消失，但本體絕對不離不棄地忠於維持出席率。

憋了三小時，我一下課即衝向茅廁。蹲坐時，Google 老師第一堂課的主軸「colab」，這才發現，線上聽不懂沒關係，好多年輕人有YT，用淺白生動的方式幫我補救教學。原想打退堂鼓的我，腦袋跳出「勤能補拙」這句成語。

剛好，打開 LINE，收到好友傳來的一則貼文，大意是，如果要延緩老化，最有效的招數之一就是：偶爾刺激生存迴路。也就是說，讓自己挑戰一些不可預期、不可知、從未想像過、與生命經驗毫無關聯的新領域、感受一些新壓力，這非但不會耗損能量，還能提升生存力。

一爬完文，我頓時理解自己的選擇是對的。上程式設計課，可不是樂齡人士學時髦的愛現行為，更不是第二人生奮發轉行的激勵故事，而是嚴肅的「存活問題」。畢竟，這種新體驗能有效激發我旺盛的生命力，而激發生命力，才可能延年益壽，且延的是好年，益的是福壽，而不是殘喘苟活。

同時，在更年期這段腦袋遲緩的人生過渡期，我領悟到了一件事，那就是從高中選擇了文組之後，我的左腦（邏輯腦）就已宣告荒怠，我這個為文寫作者，已然風花雪月了幾十年，右腦（感性腦）天天都被我用力栽培、熱力燃燒，因此，趁有這點自覺時，好好搶救已經嚴重萎縮的邏輯腦吧，畢竟我這輩子連麻將都學不會。

程式設計是可分析、可拆解的一連串邏輯組裝、一個個精密步驟推演與套路設計，用以解決問題。所謂用進廢退，現在才來刺激邏輯腦應該也還能開我一點腦洞吧，甚至應可預防失智，這才不枉我此顆高級人類大腦。

老公問我：「我們寫程式是為了解決問題，是在工作，你學程式幹嘛呢？」我回答：「難道你覺得我是為了成為科技新貴嗎？如果我在學書法或跳舞，你就一點都不覺奇怪了吧？那你就當我在學才藝吧。」

對，我這等年紀，不管學什麼，都要抱著學才藝的悠閒之心，才能噴發幸福荷爾蒙。

上了此門課的心得是：文科媽媽我雖然非常有心想學，但真的不是塊料，我真慶幸十七歲時忠於自己的大腦設定，沒走理工科。

學寫程式真的是……非常有趣啦，畢竟可以自由設定與解決很多問題。但學寫程式也真的是……非常、非常無聊，因為程式本身非常死板，一個硬邦邦的小符號不對勁，它就僵死在那邊毫無反應。還是文字有趣多了，不同個性的人有不同的運用方式與想像解讀空間，這世上，沒有文字 run 不動的心。

但我仍然感謝自己大膽嘗試，讓我知道我的左腦仍有大幅開發空間。但我更清楚，以幸福荷爾蒙的角度來看，寫程式這件事，除了開發了一點左腦之外，沒帶給我任何血清素，也沒帶給我高濃度的多巴胺，且兀自孤獨地琢磨著程式，催產素沒有變多，反而更少。

我和「程式設計」這傢伙，很合理的，最後因了解而分開。不過，這個過程提醒了我，要永遠保持 growth mindset（成長心態），享受純粹的學習，凡事不設限，都可大膽玩玩看。

雖然課程結束了，我仍沒停止開發我的左腦。我買了一本七百多頁的工具書，當我覺得文青細胞過度興奮以致於多愁善感氾濫成災時，我就拿出來研讀個幾頁，讓感性與理性趨近平衡。

從太極拳課、健身房逃走

從科普切入分析我的荷爾蒙狀態，當然知道自己長期處於「靜態」的閱讀寫作模式，難以生產血清素，因為提高血清素濃度的最有效方式有二，一為晒太陽，二則為運動。

更年期，正是血清素濃度急速下降的階段，平常運動量嚴重不足的我，在此非常時期絕對需要非常手段。於是，我展開一連串「動態活動探索之旅」。

因為心悸、頭暈嚴重，因此，一開始並不敢嘗試太過劇烈的活動。朋友推薦我靜坐冥想，迫切想要恢復健康的我，早晚都調息、數息、冥想靜坐，因為深度呼吸與放空放鬆，我的心悸頭暈頻率明顯下降。於是乎，朋友又建議我進一步練習太極拳。

我是個插班生，班上個個都已練功十多年，人人一眼瞧上去都像是葉問級的武林高手，不但身形挺拔，伸掌、出拳、提腿、踢腳，一身都是勁兒。老師看到眼前這個毫無基礎的文弱婦人，輕聲卻氣足地撂了一句：「我是不再收新生的，看在你朋友推薦的分上，我就破這一例。」

從此之後，別說缺課，每堂課我都早早到場以示赤膽忠誠。老師不僅要在課堂上放生其他資深學員、另闢時間一對一指導我，甚至派出高手學姊繼續私塾陪練。

練習過程中，我常常左轉右轉分不清，暈頭轉向，踢腿踢得上氣不接下氣。我環視一周，每個學員皆全神貫注、穩若泰山，老師則不疾不徐、有板有眼；唯有我，每堂課大約半小時之後，都忍不住找各種機會瞄向十一點鐘方向，因為，那邊，有個時鐘。

別人在數拍，我則專心致志地在計時：還有十分鐘……八分鐘……五分鐘、三分鐘、兩分鐘、一分鐘，噹，終於下課啦！我洩了緊繃，重回沒有壓力的狀態。

怪啊！到底是上太極拳課減輕壓力，還是不上課才沒有壓力啊？我陷入困惑。雖然練太極的那段期間，身體的確好轉許多，睡眠也有進步，但怎麼練了一陣子，心裡總有個叛徒不斷離間我的初心：「哎呦，今天頭有點暈，好不好乾脆請個假吧？」「老媽身體出狀況，我合理沒辦法上課啊！」「耶！颱風天哪，今天停課不必上課！（歐耶）……」

果真，心想事成，新冠疫情之後，太極拳課暫停，我就這樣合情合理地自我放逐了。疫情趨緩，各種室內活動也逐漸恢復，但我則繼續用個爛理由開脫：因為群聚還是頗不安全，所以我暫時不回去上課。直到現在，師父他應該再也不破例收新生了吧（都是我害的）。

我以科學角度自我分析，為什麼我沒辦法持續練習太極拳？我相信練習期間我的氣血循環的確變好了，所以明顯感受到健康好轉，這證明太極拳真的是個好東西，因為身體開始動、氣開始運行，因此，血清素濃度大幅提升，身心逐漸趨向平衡。

然而，打太極拳的過程中，可能少得到一項寶貴東西：多巴胺。我得不到成就感，因此，我沒辦法從中得到歡愉與喜悅，這應該就是沒辦法持續的原因。

這之後，我還去了健身房，在每一個非常功能導向的器材上鍛鍊每一塊肌肉，從胸肌、背肌、核心肌群、臀肌到大小腿前肌後肌側肌，一分耕耘，就有一塊肌肉。

老實說，這個方法最科學，對於五十歲之後肌肉快速流失而可能導致肌少症、肌無力的熟齡、樂齡族來說，兼具伸展、重訓、鍛鍊肌肉等多功能。不過，CP值再高，前提還是要能持之以恆。但歷史再度重演，過了一陣子，我又成為逃兵。自我分析之後，理由大約和打太極拳差不多。

我的膝蓋撐不出半馬人生

我繼續尋找真正屬於我的天命運動。因為看到電視上有個徐教官推廣「原地超慢跑」，不僅不會超出心臟負擔，還能鍛鍊心肺功能，同時更有燃脂效果，這不正適合心臟虛弱又身材圓滾的我嗎？於是，一週三次，按下三十分鐘計時器，再點播一個演講或線上課程，邊跑步還能邊吸收新知，邊跑步更邊調整吐納。每次跑完，我都覺得換成新造的人，神清氣爽，血液與腦袋瓜新鮮氧氣爆漿。

但畢竟是窩在家裡一人悶聲跑步，愈跑愈覺得自己像孤僻老人，沒有人群聚集帶來的歸屬感。於是，我決定出去跑，更何況，家附近就有個跑道一流的體育場，真該好好使用我繳的白花花稅金。

每每到體育場，滿眼都是線條健美的小鮮肉與辣妹子，不僅相當養眼，讓我跑起來毫不無聊，同時，我也錯亂地自覺屬於青春洋溢的一分子，一下子回春三十歲。

從兩公里、三公里，慢慢的，我一口氣跑上五公里已成常態。然後，追隨著滿場青春肉體與熱血，我每天自動自發增加耐受度。

有一天，我居然一口氣跑了七．二公里，雖然半馬二十一公里仍是遙不可及的目標，但這身老骨頭能打破自己大半輩子的紀錄，已讓我明白天下無難事。跑步能不斷挑戰自己的極限，這讓我產生前所未有的欣快感，我知道我的腎上腺素又再度冒湧。

然而，晚上洗澡時，卻發現身上因內衣劇烈摩擦，而出現一道深紅滲血的刮痕，擦藥時痛得不得了。我這才知道，長跑可是要穿專業內衣、專業衣褲及慢跑鞋的，過去幾個月，我是多麼不專業。工欲善其事，必先利其器，便一口氣敗了兩整套跑步衣褲與彈性運動內衣、慢跑鞋。

從此之後，有如神助，跑個七公里才是我的新常態。朋友給我敲邊鼓：「菊仙，你有潛力挑戰馬拉松，快立下你的半百人生志願吧！」

我聽了心花怒放，直接認定那該是我人生清單中不可抹去的一筆。某天，我硬是直接跳躍式成長，一口氣跑了八公里，超級振奮！然而，才回到家，便覺兩腿膝蓋完全石化，連續幾天都不舒服、彎曲困難。

我一下子如洩了氣的皮球，這才看清現實，我真的不屬於體育場上那群年輕小夥子啊。我是有年紀的，這樣跑下去，膝蓋應該很快報銷，我終於認清我的膝蓋撐不出輝煌的半馬人生。

我滿喜歡慢跑，特別是超慢跑，時速約四至六公里，比健走稍微快一點點而已，但可達到最大心率的百分之六十。雖然心臟不會說話，但我一把自己的脈，便能感應到它喜悅有彈性的跳動節奏。

於是，我把慢跑正式收進口袋名單中，這是我下半輩子會從事的運動之一，但我絕不會為了虛榮而去跑馬拉松的。然而，跑步仍然是孤獨的，雖然跟著人群跑，能讓我感受到自己仍隸屬於群居動物，但，還是覺得少了一點什麼。

渾然天成的舞棍

我持續探索著有沒有更適合自己的運動。老公喜歡到山裡拍夜景，所以常常爬山，我當然也嘗試看看能不能把爬山當成恆久興趣。結論是，「山」絕對是我非常愛的名詞，但「爬山」卻不是能挑動我全然熱情的動詞。

爬山和跑步一樣，都很傷膝蓋，特別是下階梯。但為了製造老夫老妻的專屬浪漫時光，為妻的我偶爾也會貼心地跟班。大爺他爬到了山頂，一架好相機，便兀自鑽進他的攝影狂熱裡，我則只能不停地吃東西，然後不停地餵蚊子。

某天，我的轉捩點來了，窮極無聊之下，我點播了一首俗不可耐的廣場舞曲，大搖大擺跳起「俗擱有力」的「大媽廣場舞」，老公趁機拍下我的起舞弄清影，短短一、兩分鐘影片，真格是何似在人間啊！

老公以為從此之後我更有動力跟他一起爬山了，畢竟他瘋狂拍照時我終於有事可做。但我真對不起他，在那個當下，我重新認識了全新的自己：原來，我雖不是爬山咖，卻是渾然天成的舞棍！

我在臉書貼出影片後，朋友都留言說我的節奏感那麼好、律動感那麼強，身體那麼柔軟。所以，答案呼之欲出。

對，寫這篇文章的此時，我已心有所屬，我終於找到真愛與最愛了。那天下山後，我就開始努力搜尋，哇，居然離我們家不到三分鐘的路程，就有社區排舞教室，每週跳三堂課，老師認真帶舞，且物超所值，學員從四十歲到八十歲都有，每個人顯得精神奕奕，舞姿曼妙。

我左轉、右轉、前看、後看，哇，全都是舞后級，愈跳我的多巴胺噴發得愈凶猛。我終於找到一種運動，不只讓我分泌血清素、腎上腺素，同時，更帶來豐沛的多巴胺，我愈跳愈嗨。

每一首舞曲都非常好聽，或浪漫風、或嫵媚風、或冶豔風、或爵士風、或霹靂風，還有現代ＭＶ風，各自驅動不同的肌肉群與運動組合，形成風情萬種的舞蹈風格。且跳舞也不只是身體律動，光是要記清楚每一首舞曲的不同舞步，就保證能預防失智。

以上就是我的動態活動探索過程。每個人個性不同，我有朋友一做瑜伽就能感受到和身體的深度對話而非常愉悅；有朋友一跳起舞就驚慌失措，大腦突然指揮不動手和腳；也有朋友一跑起步就覺得自己是獨一無二的神羚；更有朋友一進健身房，從大面鏡牆反射出自己精實的肌肉、沒了歐巴桑的虎背熊腰，就足以召喚她日日報到不遲到；還有朋友從靜坐、八段錦到太極，都能完全沉浸在天人合一的至高境界裡，但參不參得透，唯有試了才知道。

後半輩子，絕對需要一個能長久從事的動態活動，因為要活就要動，要動才能活。「為運動而運動」需要非常有紀律的人格特質，但這種人不太多；若是因為樂趣而運動，那麼，只需要一顆愛玩的心就夠。好不好玩，試了才知道。你，找到自己的天命運動了嗎？

21 人生後半一路道謝道歉道愛，才能一路珍重再見

記憶庫有限，大刀闊斧刪除浪費記憶空間的糟心事。餘生，必須努力創造美好，也只夠存放美好。

老媽於二〇二三年二月過世，第一次沒有媽媽可喊的母親節，姊姊特別買了老媽生前最愛的傳統大圓形橘子口味蛋糕，把姊妹們喊回娘家吃吃喝喝。我們邊吃著鬆軟的蛋糕，邊毫無顧忌地胡謅閒扯淡，每談及老家陳年趣事，大家都笑得東倒西歪，笑到擠出眼淚。

突然，姊姊豎起食指放在嘴巴中央，環顧四周，戒慎地提醒：「噓！老媽都還沒百日呢，我們居然像是開同學會那樣熱鬧，會不會太過分了？讓鄰居聽到，成何體統？」

一轉頭，不再有一只熟悉的輪椅，空空如也的突兀角落，才讓我們意識到，今年的母親節，老媽確實不在了啊！

變成阿拉丁神燈的老媽

每逢過節，我們姊妹及孫子女圍在娘家客廳橫七豎八地坐著、沒規沒矩地開葷說笑、百無禁忌地大吃大喝，直至深夜都散不了。每每最心花怒放的，就是默默坐在角落，感受一切歡樂氣氛的老媽。

老媽在我們快節奏的胡說八道中總是插不上話，且隨著失智，她老人家也愈來愈無語，直到最後一、兩年已經失語。但即便靜臥一旁，我們心裡頭卻非常清楚，老媽超級喜歡過節的，不管過什麼節都好，只要人都來齊了，只要從頭到尾吃吃喝喝、聽到女兒嘻嘻哈哈，老媽就是開心。

我幾乎覺得，如果我們姊妹們能鬧到把屋頂都掀掉，老媽一點都不會介意。正因如此，我們已挺習慣自娛娛媽、綵衣娛親的過節模式。想想看，一個老媽媽看到一把年紀的老女兒，回到娘家就還原成兒童天真狀，口無遮攔、打打鬧鬧，澎湃激動的母愛本能馬上回溫。

姊姊提醒完別太放肆，我不假思索地回答：「姊，每天晚上睡覺，我一閉上眼，只要召喚老媽，她就立刻出場。」姊姊張大眼睛不可置信狀。

「比方說，我心情很糟，我就會喊，老媽，你出來一下，告訴我，該怎麼辦？老媽就在我腦海裡現身，然後，就會慢慢說，娃（我的小名），狀況沒有那麼糟啦，或是要我忍耐一點、放輕鬆……。只要我想要見她，閉上眼，她老人家就會出來跟我說說話。不管是不是想像，總之，老媽都笑嘻嘻現身，跟我說些道理或安撫我，所以，最近我其實跟老媽很親密，天天都聊天。她重度失智後都沒辦法跟她說話，現在她在我睡前說的反而比較多、比較吵。」

姊姊一聽完，驚奇地下了注解：「所以，老媽現在已經變成阿拉丁神燈了。」老媽如一陣青煙從壺嘴冒出來的搞笑哏圖立刻在我腦海湧現，姊妹相視，同時噗嗤。女兒們如此歡樂地緬懷老媽，實在自然率真得太不像話。

就在此時，老媽颯爽的笑聲再度縈繞耳際，我一整個腦袋都是老媽健朗時咧開嘴憨笑的大圓臉。沒錯，老媽現在是我的阿拉丁神燈，是魔法老媽，此刻，她不甘寂寞，她一如生前，在我的腦海裡繼續黏著女兒孫子們，歡樂年華，刻刻都停留。

睡前，我再次閉上眼睛好好地、恭敬地跟老媽祝賀：「老媽，母親節快樂哦！」她笑盈盈地回我：「快樂快樂，娃娃你要快樂啊！」腦海裡的老媽又回到失智前的逗趣爽朗。

此情可待成追憶，所幸當時不惘然

某天爬完四獸山，經過熟悉的食品老攤，不假思索就抓了幾個草仔粿、芋粿巧，直覺反應：買幾個，回娘家拿給老媽解解饞吧！

興沖沖拿起，突然頭一歪，才想到，唉呀，老媽不在了啊，我是要拿給誰吃呢？頓時，一陣強大的悲傷襲來，才鮮明認清，老媽已登出了現實世界。

閉上眼，我便能以豐富的想像力，並調動記憶庫裡豐沛的影音資料，用心智合成精密完美的虛幻P圖，但張開眼，就是陰陽兩隔。原來，過去這段日子，我根本沒有勇氣與能力，切斷與老媽的心理臍帶，於是自編自導自演一幕幕母女連心的幻境，自欺欺人，壓住悲傷。

我把手上過多的草仔粿、芋粿巧，一個個認分地卸下，才掉頭，就忍不住大崩潰。

一面走著，一面用力接住內心一股深沉的空洞。我才想到，不只老媽，老媽的所有妹妹，以及老爸那邊的父執輩親戚，除了僅剩一位大姨媽臥病在床，其他長者也都步下人生列車了。小時候，家族熱鬧滾滾的大團圓盛世不再。

這幾年，每隔一陣子，就會聽到哪個長輩走了。然而，一陣噓唏之後，這些淡出人生的親戚長輩很快也淡出我的記憶。我快速重回自己的人生列車，正常無恙地繼續行駛，其實不太受到干擾，「死亡」的模樣離我尚遠。

直到最親愛的老媽走了，且走後好幾個月，我才算比較明白「死神」的威力。一切的一切，都回不去了。一切的一切，只能在回憶庫裡搜尋殘篇斷簡，或者，睹物思人，甚或，不睹物，卻被突如其來的思念吞沒。

腦際浮現李商隱的詩句：「錦瑟無端五十弦，一弦一柱思華年。」娘家及娘家方圓幾公里內，處處布滿著思念之弦。我從一個黏媽媽的小小孩活成獨當一面的老小孩、再活成老媽比較像是我的老小孩。我和老媽及娘家親人之間所交纏編織的悠悠華年、濃烈親情，豈止五十弦？

此刻，和娘家姊妹相依偎、大啖母親節蛋糕但獨缺老媽，我們尚能相擁促膝，互告安慰。姊妹情深如我們，已替代殞落的第一代而自己變成了第一代，我不免想到，老媽走了，接下去，人生不就得開始面對一路的珍重再見、珍重再見，與，珍重再見？

總有一天，閉上眼，點開心窩裡一尊一尊又一尊的「阿拉丁神燈」，將成為日常生活裡的重頭大戲吧？我想到電影「我啊，走自己的路」最後一幕。

孫女探望獨居的桃子奶奶，問：「你剛才在跟誰說話？」

桃子奶奶：「嗯……該怎麼說……這屋子裡有很多人，只是你看不到。我在和那些人說話啊。」

孫女：「天啊，那不會很恐怖嗎？」

桃子奶奶：「不會。那些人一直『麻布』（守護）著我。」「我啊，就一個人，今天也是一個人。但這間屋子會繼續熱鬧下去。」

常在鄉間老厝、廟口、榕樹下，看見老人家呆坐一整天，以前的我總納悶，這樣孤坐發愣的日子多無趣、要怎麼捱下去？但自從學會了「把老媽當成阿拉丁神燈」的召喚術，我終於明白，這些形單影隻的老人家，腦子裡也許如同桃子奶奶一般鎮日熱騰滾滾。不管白天或黑夜，他們隨時都像滑手機一樣滑出生命中每一個重要的「阿拉丁神燈」，速度堪比5G吧！

嚼一口飯，便炸開了一桌子闔家有滋有味的人聲鼎沸；彎一道小徑，便跌入曾經無法自拔的可愛青春戀曲；燈下獨酌，卻彷彿簇擁著拜把兄弟，對影豈止成三人？人一個個慢慢不在了，但也都在；情景一幕幕過去，但從未離線。是虛是實是真是幻不重要，因為日子能好好過下去，後半人生，「回憶」比起「現實」，可能是愈來愈重要的素材。老後孤單但不寂寞的偷吃步，就是好好蒐集並妥放生命中雋永可貴的每個人、每件事、每一刻。

此情可待成追憶，「所幸」當時不惘然。前半輩子的美好記憶存量不夠嗎？現在開始為時未晚，因為記憶庫真的有限，大刀闊斧刪除浪費記憶空間的糟心事吧。餘生，必須努力創造美好，也只夠存放美好。

瀕死微體驗

我更年期毛病特多，因此，該做的、不該做的、不知道該不該做的各科檢查，都乖乖去做了。記得在做腦部磁振造影、心臟640切斷層掃描時，會緩緩地、孤獨地，進入一個全黑的機器洞穴。那一刻，我突然聯想到，人走的時候，是不是就像這樣，要獨自穿越一個全黑的、深邃的隧道？

眼前的一片黑、四周圍的不知究竟，都只有自己陪著自己，沒有人可以扶、沒有手可以牽。於是，檢查這件事情，突然變得很酷，我居然把它當成「瀕死微體驗」。

除了機器ㄎㄧㄥㄎㄧㄥㄎㄧㄤㄎㄧㄤ的掃描聲音之外，我突然明白：人，真的是赤裸裸地來，然後，玩了一場精采刺激的大冒險遊戲之後，就撒手一切，孤獨離開。

家人再親、愛人再愛、朋友再鐵，最後，只有自己能陪伴自己；還沒了結的心事家事國事天下事，不再是進行式，也再沒機會劃上完美的句點，一切都是不了之事。

我在黑暗的隧道中，一串串擋不住的生命回憶亂竄，彷彿真的就來了一場生命總回顧的小彩排——

小學時老爸已經佝僂虛弱的身影，總勾起幼弱的我的焦慮與不安。爸媽為缺錢吵鬧不休、一言不合翻掉餐桌，卻讓我愈來愈乖、愈來愈用功；四姊妹圍坐看「綜藝100」和「楚留香」，一邊看一邊自己演起來，電視外比電視裡更歡樂，是這輩子最巨大的小確幸；

出國念書在出關時望見老媽的兩行闌干淚，年過半百才真懂當時老媽的不捨；做第一份工作時超級單純與愚笨，被罵、被騙、被羞辱，覺得人生完蛋；頂著高學歷總自以為了不起，和同事吵架，不敢回看自己這般討人厭的嘴臉；分娩時痛不欲生，經歷三次還是無法具體形容的驚懼與奧妙；夜夜牽著兒子的小手入睡，無可取代的生命超連結；一輩子最幸運的事情就是能重新當三次頑童，天天樂當三小子的最佳玩伴；被青春期兒子連番轟炸時滿腹委屈，痛苦至極時直想死死算了；老公追我時把我捧在手心的無限寵愛，終於知道自己也是個可愛的公主；成為家庭主婦的所有犧牲與不平，總在懷疑人生與磨練心智中死去又重生；……

恍惚之間，聽到朦朧的一句：「好，檢查要結束了，你可以準備慢慢起來了。」我兩腿一伸，啊，還沒死去，而是準備下床，重回真實人間。迎接我的不是死神，而是活生生的檢查人員。我拍了拍胸脯，哇！好佳哉！這只是個小小檢查隧道，只是小小的生命回顧練習，我還沒被死當，還有機會回到生命崗位。走下檯的第一個念頭是：人生真的什麼都帶不走，但今後，我倒是要好好想想自己想留下什麼。

打開人生恩怨事件簿，一筆筆勾消

參加一位關係深厚、令人尊敬的長輩的告別式。滿室飄散的馨香，兒孫友人暖暖地環繞著，我實則感覺不出太多哀戚，一時之間甚至忘了是一場告別式。

我凝視著長輩慈藹的照片，彷彿感應到他正跟在場朋友一一握手告別，輕盈、柔和、滿足、從容。他好似正要登機，頻頻回首中雖透出了離愁，但更多的是恍若即將踏上一段奇異旅程的期盼。

我雖不捨，但卻奇妙地從心底湧出了祝福。長輩的身體消失了，但我確信他的靈魂即將啟程，邁入另一段未知卻豐美的旅程。只不過這一次，他沒扛任何行囊，也沒有旅伴。撒手、放下、空空去也，是這未知旅程的唯一姿態與唯一起點。

長輩生前的紀念影片開始放映了，螢幕裡閃現一張張既熟悉又陌生的老照片，不斷勾起幾乎已遺忘的畫面，片片段段的情節一個個跳出來，在我腦海連綴出一個清晰的長者顯影：正直、勤儉、謙和、愛家、好脾氣與好修養。

我頓時理解到，長者的這一趟最後旅程，留下了很多寶物：是愛，是教導，是風範，是榜樣。

這一場讓我忘卻告別的告別式，居然讓我一時興起，又玩起了一場沉浸式體驗遊戲。我把自己代入成告別式主角，想想，彼時，這世上會有多少人緬懷我？都是哪些人？我對他們了無遺憾嗎？我有任何虧欠嗎？他們也會把我當成一尊溫暖的「阿拉丁神燈」，常常在心中召喚我嗎？又有多少人覺得我真是個討人厭的傢伙，哪配得祝福，直接把我封存神燈三十億萬年。

人生後半，為什麼經歷愈來愈多的生離死別？那還用說，是因為我們都愈來愈老了嘛。但這，也真是老天爺的別有用心，祂總是用這些不可逆的關鍵機會、用離去者的最終身影提醒我們：快快快，別留下憾恨，你看看，時間愈來愈少，彌補的機會真的不太多！

「也許需要近距離接觸死神，才能真正明白，我們始終是彼此的過客。」這是森林智者比約恩．納提科在《我可能錯了》一書中所寫。他說：「總有一天，我們不得不告別，向每一個對自己有意義的人道別。當牢記這一點時，我們就會明白，對待他人和生命本身的方式只有一種：溫柔呵護。」

比約恩．納提科最後罹患了漸凍症，就在接近死亡時，他寫下這段話：

有人需要聽到你的道歉嗎？別等了。是否有人需要聽幾句話，而這些話只有你才有辦法讓他們真正聽進去的？不要隱忍。

是否做過讓自己懊悔的事，但你可以補救的？試著補救。

也許這輩子有個人你覺得無法原諒？有可能。然而，有時嘗試以下這個想法會有幫助：假如你出生時有和他們相同的DNA、相同的命運、相同的業力、相同的基因碼；假如你的成長方式、身邊擁有的人、遭逢的事全和他們一樣，你的所作所為可能也會和他們相同。

如何才能完美告別此生？邱天助教授在《老，自在》這本書寫下：「生命無憾、心中無恨、胸無罣礙。」

是的，睡前，我除了常常點開老爸老媽以及慈藹逝者的阿拉丁神燈之外，如今，輾轉難眠時，我乾脆點開自己大半輩子以來的「恩怨事件簿」。年輕氣盛時，讓我討厭甚至想海扁的人，十個手指不夠用；如今，還真想不太出生命中有多麼罪不可赦的狠角色。倒是想要感謝的人一個個冒出來，我人生的恩怨天平愈來愈失衡，心裡卻愈來愈暖、生命愈過愈踏實安穩。

人生後半，就是和周遭親友一路再見的不可逆轉之旅程，但唯有一路道謝道歉道愛，才能一路安心的珍重再見。

心理勵志 BBP482

五十歲後我出去一下

不當媽媽、太太、媳婦之空巢熟女好好愛自己

作者 — 彭菊仙

副社長兼總編輯 — 吳佩穎
資深主編暨責任編輯 — 陳怡琳
校對 — 魏秋綢
美術設計暨封面繪圖 — BIANCO TSAI
內頁排版 — 張靜怡、楊仕堯

出版者 — 遠見天下文化出版股份有限公司
創辦人 — 高希均、王力行
遠見・天下文化 事業群榮譽董事長 — 高希均
遠見・天下文化 事業群董事長 — 王力行
天下文化社長 — 王力行
天下文化總經理 — 鄧瑋羚
國際事務開發部兼版權中心總監 — 潘欣
法律顧問 — 理律法律事務所陳長文律師
著作權顧問 — 魏啟翔律師
地址 — 台北市 104 松江路 93 巷 1 號 2 樓

讀者服務專線 — (02) 2662-0012 ｜傳真 — (02) 2662-0007；(02) 2662-0009
電子郵件信箱 — cwpc@cwgv.com.tw
直接郵撥帳號 — 1326703-6 號 遠見天下文化出版股份有限公司

製版廠 — 中原造像股份有限公司
印刷廠 — 中原造像股份有限公司
裝訂廠 — 中原造像股份有限公司
登記證 — 局版台業字第 2517 號
總經銷 — 大和書報圖書股份有限公司 電話／ (02) 8990-2588
出版日期 — 2024 年 2 月 29 日第一版第 1 次印行
2024 年 9 月 12 日第一版第 10 次印行

定價 — NT 420 元
ISBN — 978-626-355-641-6
EISBN — 9786263556393（EPUB）；9786263556409（PDF）
書號 — BBP482
天下文化官網 — bookzone.cwgv.com.tw

國家圖書館出版品預行編目（CIP）資料

五十歲後我出去一下：不當媽媽、太太、媳婦之空巢熟女好好愛自己／彭菊仙著 . -- 第一版 . -- 臺北市：遠見天下文化出版股份有限公司 , 2024.02
面；　公分 . --（心理勵志；BBP482）
ISBN 978-626-355-641-6（平裝）

1. CST：母親　2. CST：女性心理學
3. CST：生活指導

544.141　　113000565

天下文化
BELIEVE IN READING